LA MORT

DE

VOLTAIRE,

ODE.

LA MORT

DE

VOLTAIRE,

ODE.

Erit mihi magnus Apollo. VIRGIL.

---

*Suivie de l'Éloge de ce grand homme, par
M. Palissot ; avec la Tragédie d'Ériphile,
que l'Auteur ne voulut pas faire imprimer
de son vivant, & autres Pièces, pour servir de suite aux Mémoires & Anecdotes de
cet homme illustre.*

AU TEMPLE DE LA GLOIRE.

M. DCC. LXXX.

AVIS

DE L'ÉDITEUR.

UN homme de considération & connu avantageusement dans la littérature, nous ayant fait parvenir l'Ode qui suit ; nous avons cru travailler pour le plaisir & l'intérêt du public, en y ajoutant, pour former un volume, l'Éloge de Voltaire, par M. Palissot, le meilleur qui ait paru à notre avis ; avec la Tragédie d'*Ériphile*, & quelques Pieces relatives à l'Histoire du grand homme que l'univers pleure encore, malgré la possession de ses ouvrages.

Ce Recueil, & celui que nous venons de publier sous le titre de *Mémoires & Anecdotes pour servir à l'Histoire de Vol-*

taire, *depuis sa naissance jusqu'à sa mort,* &c., offrent en général un grand avantage : en se les procurant , ce qui n'est point du tout coûteux , on a un nombre considérable de Pieces intéressantes , qui se vendent séparément fort cher. Un autre avantage que présentent encore ces deux petits volumes , c'est que bien des particuliers peuvent completer leur Théatre de cet émule des Racines & des Corneilles.

AVERTISSEMENT

De l'Auteur de l'Ode suivante.

LA mort de M. de Voltaire n'est point un de ces événements dont une ville ou une province s'entretient quelques jours, & qui sont bientôt effacés par d'autres événements passagers, oubliés à leur tour. C'est un malheur commun à toutes les nations, inscrit dans toutes leurs fastes, & pleuré dans tous les temps. C'est le privilege du génie d'être à jamais regretté chez l'étranger comme dans sa patrie. Eh ! qui peut douter que la mort d'un Neuton, par exemple, n'ait été aussi sensible à toute l'Europe qu'à l'Angleterre même ? Et n'avons-nous pas, en dernier lieu, gémi comme les Suédois de la perte du célebre Linnée, surnommé le Pline du Nord? M. de Voltaire, d'un mérite plus universel, a vu l'Europe adopter ses principes de morale, de charité, de tolérance, si directement utiles aux hommes, comme elle avait

A 4

adopté les principes de phyfique des Neuton & des Linnée. Ce Poëte-Philofophe, Ora-
teur, Hiftorien, & modele des hommes aimables, était embrafé, pour ainfi dire, de
cette paffion refpectable fi bien nommée par
Cicéron caritas humani generis, de l'amour du
genre humain, dont il n'eut voulu faire
qu'un peuple de freres, malgré cette multitude d'opinions & d'ufages divers qui reg-
nent fur toute la furface du globe. C'eft-là un
des caracteres diftinctifs de fes principaux
ouvrages. Il n'eft donc pas étonnant que toutes
les nations gémiffent de la mort de leur bienfaiteur. Cette mort fi fatale en elle-même, fut
encore plus frappante par les circonftances
qui l'accompagnerent. On fait que ce grand
homme de retour à Paris, après une abf-
cence de près de trente années, y fut accueilli de la nation avec les démonftrations
de la joie la plus vive, & même avec un
enthoufiafme que tant de fervices rendus à
l'humanité & de fuccès dans tous les genres
de littérature, ont affez juftifié aux yeux de
l'Europe entiere. Ces fuccès avaient été d'au-

tant plus glorieux que cet Écrivain célebre, ayant annoncé par ses premiers travaux un mérite fort extraordinaire, se vit dès-lors en but, jusqu'à la fin de sa vie, aux ligues, aux cabales toujours renaissantes de la médiocrité jalouse, de la basse envie, de l'ignorance & du mauvais goût, ennemis naturels du talent supérieur qui les offusque.

M. de Voltaire ne les punit qu'en donnant, chaque année, de nouveaux chef-d'œuvres, sans s'inquiéter des clameurs des Zoïles, sans leur répondre & sans prétendre corriger des gens incorrigibles. Il savait qu'on ne peut changer la nature des choses. C'est le sort du frélon de persécuter l'abeille. C'est celui de l'ortie & du chardon de faire des piqûres envenimées & cependant peu dangereuses, & d'être la pâture des ânes, comme le sort du laurier & de la rose est de couronner les grands hommes & de parer le sein des belles. Il y aura toujours des chardons & des frélons; mais ils ne parviendront point à étouffer la race des fleurs & des abeilles. M. de Voltaire ne daignait pas faire attention aux bourdonnements &

*aux frivoles morsures de cent insectes mal-
faisans, & les écrasait seulement, comme par
mégarde, en poursuivant à grands pas sa
route vers le palais de la gloire. Il avait à
combattre des ennemis plus dangereux, &
sur-tout une foule d'hommes attachés à ces
sectes rivales & irréconciliables, qui firent tant
de bruit autrefois, qui sont heureusement ou-
bliées aujourd'hui, & qu'il avait également
couvertes d'un ridicule ineffaçable. De tels
ennemis étaient d'autant plus à craindre pour
ce grand homme, qu'ils osaient couvrir leur
vengeance & leur haine du manteau respectable de la religion. Cependant il déconcerta
aussi leurs efforts, & l'on ne peut pas dire que
ses triomphes littéraires aient été arrachés
par surprise à des juges toujours avertis des
plus légers défauts, par tant d'adversaires de
toute espece.*

*Enfin, ses derniers jours, les plus beaux
qu'aucun homme de lettres ait jamais eu,
couronnerent dignement une vie si glorieuse.
Les honneurs, jusqu'alors sans exemple, qui
lui furent décernés à l'Académie, au Spec-*

tacle, & chaque fois qu'il parut en public, laisserent dans tous les esprits une impression profonde ; mais quel fut leur étonnement & leur douleur, en apprenant que M. de Voltaire, qui venait d'expirer, avait été transporté furtivement hors de Paris, dans la crainte où l'on était de le voir insulté par des hommes féroces & barbares ; que les honneurs funebres & même la sépulture lui avaient été refusés ; qu'à peine il était permis aux gens de lettres & à ses amis de verser une larme généreuse sur son sort, & qu'on leur ôtait jusqu'à la liberté d'annoncer au public la perte qu'il venait de faire ? C'est ce qui a donné lieu à l'Ode qu'on va lire. Rien n'était sans doute plus singulier que de voir les Muses étrangeres répandre à l'envi des fleurs sur la tombe de M. de Voltaire, & les Muses françaises rester, pendant un long espace de temps, dans un silence profond, & déshonorant, s'il avait été volontaire. Si, en effet, il a été imposé par un ordre du gouvernement, il ne nous appartient pas d'en vouloir pénétrer les motifs : les vues des Mi-

niftres qui tiennent, avec tant de gloire, les rênes de l'état, qu'ils ont tiré d'un abyme de maux, font trop fupérieurs à nos faibles lumieres. Ces motifs d'ailleurs ne fubfiftent plus, & la liberté d'exprimer fes fentimens a été rendue aux gens de lettres & aux artiftes. Ils fe diftinguent à l'envi, & c'eft à qui célébrera plus dignement M. de Voltaire. Nous partageons leur zèle fans avoir leurs talents, & nous croyons devoir, à leur exemple, payer aujourd'hui notre tibut d'admiration & de reconnaiffance à la mémoire d'un fi grand homme.

LA MORT

DE

VOLTAIRE,

ODE.

Après les plus beaux jours que d'épaisses
    ténebres
Du globe, en un moment, viennent changer le fort!
Et que de nations jettent des cris funebres,
    Lorsqu'un seul homme est mort !

Consolateur des maux, trop féconds sur la terre,
Si l'univers se trouble au bruit de ton trépas,
Serons-nous seuls muets, ô sublime Voltaire,
    Quand tu meurs dans nos bras?

Génie universel, cœur sensible, ame tendre,
Toi, qui nous prodiguais tant de fruits & de fleurs,

Souffre au moins que mon zèle ose arroser ta cendre
  Du tribut de mes pleurs.

Quoi qu'indigne de toi, mon faible & juste hommage,
Peut trouver grace aux yeux des peuples cons-
   ternés ;
La douleur qui le dicte, hélas ! est le partage
  De tous les cœurs bien nés.

La mort d'un si grand homme est-elle une infortune
Que l'homme vertueux apprenne avec dédain ?
Il gémit d'autant plus que sa perte est commune
  A tout le genre humain.

Je vous vois accablés de cette perte immense,
O vous, qui partagiez son azile enchanteur,
Qui viviez près de lui, vous, dont sa bienfaisance,
  Avait fait le bonheur.

Par l'amour du génie attiré sur la rive
Où son pouvoir aimable a su vous arrêter ;
J'approchai de Voltaire, & mon ame captive
  Ne pouvait le quitter.

Près de ces monts altiers où se brisent les nues,
D'où s'échappe le rhône à travers les glaçons,

L'amour, les ris, les jeux, les grâces ingénues
  Dansaient à ses chansons.

Mon cœur s'émut aux sons de sa lyre immortelle.
Il charmait les humains comme en ses plus beaux
  jours,
Soit que légérement sa gaîté naturelle
  Agaçât les amours;

Soit que d'un autre ton sa voix ferme, éloquente,
Embellit la raison de charmes plus puissants;
Ou soit que Melpomène auprès de lui constante
  Lui prétât ses accens.

Du plus noble transport sa grande ame enflammée
Au bonheur de la terre intéressait les Rois;
Et ses bienfaits sans nombre ont de la Renommée
  Épuisé les cent voix.

Combien de fois touché des pleurs de l'innocence,
Ne la ravit-il pas aux coups de l'oppresseur!
A sa voix l'homme atroce & l'aride opulence
  Se sentaient naître un cœur.

Ce nouvel Amphion élevant des aziles (1)

A l'innocent proscrit, au commerce, aux beaux-
          arts,
Changeant d'affreux deserts en des hameaux fertiles
          Enchanta mes regards.

Les monts, les lacs, les bois & toute la nature
S'asserviffaient fans peine à fes vaftes deffeins.
Pouvaient-ils réfifter à la main libre & fure
          Qui changeait les humains !

Tel le fiér Prométhée aux flammes du tonnerre,
Malgré Jupiter même, allumant fon flambeau,
Vint animer notre être & dérober la terre
          Aux horreurs du tombeau.

Ou tel cet homme cher à la philofophie,
Souverain pacifique & modele des Rois,
Penn vit, dans les forêts, naître Philadelphie
          A l'ombre de fes loix.

Férney, Delphes nouveau, fameux par tes oracles,
A quels Dieux tous puiffants ton bonheur eft-il dû ?
Un homme, un homme feul a fait tous ces miracles,
          Et tu l'aurais perdu !

Ah ! devait-il quitter ton féjour plein de charmes,
Où la parque, peut-être, en prolongeant fes jours,
N'eut point ouvert fitôt une fource de larmes
    Qui coulera toujours.

Pere de fes vaffaux, fenfible à leurs tendreffes,
Il n'a pu de leurs bras s'arracher fans pitié ;
Mais il obéiffait à deux de fes maîtreffes,
    La gloire & l'amitié.

L'amitié fuit de près l'amour & la nature,
Et fait mêler, comme eux, la peine à fes plaifirs ;
De nos félicités cette fource fi pure
    Trompe encor nos defirs !

Des bienfaits & des maux qui germent fur fa trace,
Voltaire, de fa vie, a vu remplir le cours.
Genonville de pleurs en a femé l'efpace,
    D'Argental d'heureux jours (2).

Pouvait-il réfifter à la voix magnanime
De la gloire, autre fée, idole des grands cœurs,
Promettant dans Paris à fon amant fublime
    Ses dernieres faveurs ?

Il les obtint aux yeux de la France enivrée.

De joie & de tendreffe. Apollon s'empreffait
D'éclairer de fon fils la victoire affurée,
     L'olympe applaudiffait.

Paris, tu t'en fouviens ! grâces enchantereffes,
Mufes, talents, beautés, prodiguaient en ce jour
Au Sophocle Français les plus vives careffes,
     Et le plus tendre amour.

Ce jour, ce jour fameux où couronnant Voltaire,
Sa patrie a payé foixante ans de fuccès,
Accroîtra le refpect & l'amour de la terre
     Pour l'empire français.

Mais quel affreux revers fuccede à tant de joie !
O mort ! fufpends tes coups, peut-être irréfolus....
Elle eft fourde à nos cris, elle fond fur fa proie,
     Le grand homme n'eft plus.

Il n'eft plus ! c'en eft fait ! hélas ! comme un vain
     fonge
Un inftant nous ravit le bonheur d'en jouir,
Et la douleur amere où fa perte nous plonge
     Jamais ne doit finir.

L'univers retentit de ce coup effroyable.

Je vois les plus grands Rois sous le dais se trou-
    bler (3),
Et tout ce que l'Europe a de plus respectable,
    Avec nous le pleurer.

Fréderic, Catherine ! ô noms que je révère,
Et que le monde entier, comme moi, doit chérir ;
Vous brillerez toujours près du nom de Voltaire,
    Dans le sombre avenir.

Se prêtant l'un à l'autre une force nouvelle,
Votre éclat & le sien désormais réunis,
Environnent la terre, & repoussent loin d'elle
    Les destins ennemis.

Quelle frayeur soudaine agite le Parnasse !
Il perd en un seul homme, Homere, Anacréon,
Sophocle & Lucien, Terence, Ovide, Horace,
    Thucydide & Platon.

Français, nous étions fiers de son puissant génie,
Sur ce grand homme encor nous fondions notre
    orgueil,
Mais d'Atropos enfin la main nous humilie
    En ouvrant son cercueil,

O jour de l'infamie ! ô crime fans exemples !
Qui te fait, tout-à-coup, ternir des jours fi beaux ?
Voltaire après fa mort eft repouffé des temples,
Et même des tombeaux !

On l'infulte, on le brave au moment qu'il expire ;
La France oublie alors tout ce qu'elle lui doit,
Et par un froid dédain femble tout bas foufcrire
Aux affronts qu'il reçoit.

Que fervent tant de jours confumés dans l'étude,
De vertus, de travaux, de férvices rendus
A fa patrie injufte, & dont l'ingratitude
Ne doit furprendre plus ?

On la vit trop fouvent pour un talent vulgaire
Au frivole étranger prodiguer fon encens,
Et pourfuivre en tous lieux, plus marâtre que mere,
Ses fublimes enfans.

Ombre illuftre ! Qu'importe hélas ! que ta patrie
Te refufe un azile & des marbres trompeurs ?
Il eft un monument plus cher à ton génie,
Son temple eft dans nos cœurs.

Ton nom eſt au-deſſus d'une ſi vîle injure,
Et du vain appareil d'un faſtueux cercueil,
Dont le vice éclatant & l'ignorance obſcure
  Flattent leur ſot orgueil.

Quoi ! lorſqu'il regne en paix ſur les bords du
    Permeſſe,
Nous traitons à Paris comme les criminels,
Le chantre de la France, à qui l'ancienne Grece
  Eut dreſſé des autels !

Rome oſait bien placer dans l'empire céleſte (4),
Des monſtres déteſtés & craints de toutes parts,
Soldats, dont les ſuccès & la grandeur funeſte
  N'étaient dûs qu'aux hazards.

Voltaire, ces brigands célébrés dans l'hiſtoire
Pour avoir aſſervi nos tranquilles ayeux,
En les abrutiſſant croyaient trouver la gloire
  Et devenir des Dieux.

Ils traînaient après eux l'ignorance profonde,
L'impoſture, la fraude & la crédulité ;
Ils ont fondé l'erreur ſur les débris du monde,
  Et toi la vérité.

Ils n'étaient rien par eux, tu fus tout par toi-
          même.
De la rage de nuire on les vit s'enflammer,
Ils recherchaient la haine, & ton plaisir suprême
          Fut de te faire aimer.

S'ils ont semé l'horreur, le crime & l'esclavage,
Dans le sang innocent, s'ils ont plongé leurs mains,
Tes seuls bienfaits peut-être effacent le dommage
          Qu'ils ont fait aux humains.

O sainte humanité, trop long-temps ignorée,
Premiere des vertus, console les mortels;
A Voltaire sur-tout, dans l'Europe éclairée,
          Tu devras tes autels.

Plus qu'ailleurs on t'adore au sein de ma patrie;
La tolérance y regne.... & j'osais l'accuser
D'être barbare & lâche, & par une infamie
          De se déshonorer !

Où me jettaient mon trouble & ma douleur ex-
          trême ?
Je pleure & je rougis de mes emportements;

Oui, la France en nos jours, non moins qu'Athêne
    même
      Honore les talents.

Son Poëte fameux mérita sa tendresse.
Elle en était chérie, & l'aimait à son tour;
Et le deuil qui succede à sa vive allégresse,
      Atteste son amour.

Le chantre de Henri qui dans son sein expire,
Pouvait-il, en mourant, voir ses lauriers flétris,
Quand le goût, la raison fleurissent sous l'empire
      Du jeune Sésostris (5)?

La modeste vertu, la beauté sur le trône,
Consolent à l'envi les arts dans l'abandon,
Et placent près des lys les lauriers de Bellone
      Avec ceux d'Apollon.

Eh! quel monstre, Voltaire, a donc bravé ton
    ombre?
Méconnaît-on ses coups saintement furieux,
Ce cilice trompeur, ce fer, ce voile sombre
      Étendu sur ses yeux?

Ah ! c'eſt le fanatiſme ! oui, ſa bouche écumante
Demande encor du ſang , & du fiel & des pleurs,
Mais l'univers enfin , grace à ta voix puiſſante,
       Craindra moins ſes fureurs.

Ta gloire augmente encor par ſon abſurde outrage,
Le monſtre ne voit pas dans ſa férocité ,
Que ton nom plus chéri paſſera d'âge en âge
       A la poſtérité.

Née au ſein de la fange , une vapeur groſſiere
S'éleve, & du ſoleil veut éclipſer les traits :
Cet aſtre la diſſipe & pourſuit ſa carriere
       Plus brillant que jamais.

Je vois s'accroître ainſi ta lumiere immortelle,
La ſuperſtition veut envain la ternir ;
La voix de la raiſon parlera plus haut qu'elle
       Aux ſiecles à venir.

Ils béniront ta fête au jour anniverſaire
Du triomphe éclatant qui combla nos plaiſirs,
Où les neuf chaſtes ſœurs ont , dans leur ſanctuaire,
       Surpaſſé tes deſirs.

Peut-

Peut-être à tant de joie on ne doit pas furvivre.
Adoré comme toi , comme toi regretté ,
Partageant tes honneurs qui ne voudrait te fuivre
    Sur les bords du Léthé?

Tu t'endors careffé dans les bras de la gloire ,
Du char triomphateur tu defcens au tombeau ,
Tu meurs, comme Turenne , au fein de la **victoire**,
    Quel deftin fut plus beau?

Que dis-je ! il valait mieux que tes mains tutélaires
Fuffent encor long-temps l'appui des malheureux ,
Et que ton cœur ouvert aux larmes de nos peres,
    Confolât nos neveux.

Avec vos attributs , vous , qui le fites naître ,
Et dont peut-être enfin vous deveniez jaloux ,
Impitoyables Dieux ! ne devait-il pas être
    Éternel comme vous !

Mais fans former envain des plaintes téméraires,
Dreffons dans nos bofquets , loin des hommes
    cruels ,
Un fimple maufolée , avec ces caracteres :
    AU PLUS GRAND DES MORTELS.

Des lauriers enlacés par leur ombrage utile
En défendront l'afpect à l'envie en fureur,
Et feront refpectés, comme ceux de Virgile,
    Par le temps deftructeur (6).

Que des plus belles fleurs, à chaque inftant
    éclofes,
Le tombeau de Voltaire à jamais foit orné.
Marions les lauriers, les myrthes & les rofes
    Dont il fut couronné.

Ils feront arrofés, dans ce temple champêtre,
Des pleurs de la vertu, des beaux arts, des talens
Qui viendront quelquefois y foupirer peut-être
    Mes douloureux accens.

NOTES

SUR *LA MORT DE VOLTAIRE.*

(1) *C*Hangeant d'affreux déferts en des hameaux fertiles.

M. de Voltaire propriétaire d'un affez vaste domaine dans le pays de Gex en Bourgogne, compofé de plufieurs terres contigües, prefqu'entiérement incultes & défertes lorfqu'il en fit l'acquifition, y fonda en peu de temps de riches colonies, défricha des forêts & des bruyeres, deffécha des marais, bâtit des maifons où il établit des manufactures de diverfes efpeces. Ses bienfaits y firent bientôt fleurir la population, le commerce, l'agriculture, & Ferney qui n'était qu'un chétif hameau, peuplé d'environ trente ou quarante perfonnes, eft aujourd'hui un bourg affez confidérable, où il fe fait beaucoup d'affaires, où tout le monde travaille & eft heureux. Le nombre d'étrangers diftingués qui s'y rendoient de toutes les parties du monde pour en voir le poffeffeur, était prodigieux;

Il fallait voir Ferney pour avoir vu l'Europe,

B 2

a dit très-heureusement un jeune poëte plein d'esprit & de-talent; & l'on peut ajouter que l'accueil qu'on y recevait, inspirait autant d'amour & d'attachement pour la personne de M. de Voltaire, que l'on avait d'admiration pour fes ouvrages. Sa refpectable niece qui fecondait fi bien fes intentions, captiva également l'eftime & la reconnaiffance de tous ceux que le defir de rendre hommage à un homme unique, conduifit à Ferney.

(2) *Genonville de pleurs en a femé l'efpace,*
      D'Argental d'heureux jours.

Perfonne n'a mieux cultivé & plus dignement chanté l'amitié que M. de Voltaire, mais l'on ne fe trompe peut-être pas en difant que cette paffion répandit fur fa vie autant d'amertume que de douceur. Il eut le malheur, étant encore très-jeune, de perdre plufieurs de fes intimes amis, entre autres M. de Genonville, dont il ne parlait jamais depuis, fans attendriffement & fans regrets. Qui ne connaît ce beau monument de fa douleur?

Toi, que le ciel jaloux ravit dans fon prin-
    temps,
Toi, de qui je conferve un fouvenir fidele
      Vainqueur de la mort & du temps;
      Toi, dont la perte, après dix ans,
      M'eft encor affreufe & nouvelle, &c.

La mort de Madame la Marquife Duchatelet ne

lui a pas moins coûté de larmes. D'un autre
côté, M. de Voltaire a eu l'avantage de ne pas
furvivre à quelques autres de fes plus anciens
amis, également refpectables, dont le commerce,
pendant foixante années, a dû lui rendre moins
infupportables les pertes qu'il avait faites. De
ce nombre font M. le Maréchal de Richelieu,
M. le Comte d'Argental, Miniftre Plénipoten-
tiaire de Parme à Paris, Madame la Marquife
Dudeffant, &c., & dans des temps moins re-
culés, il acquit encore l'amitié de M. d'Alembert, M. Marmontel, M. le Marquis Albergati
Capacelli, de Venife, &c. &c.

(3) *Je vois les plus grands Rois fous le dais*
fe troubler, &c.

Les plus illuftres fouverains qui ont regné dans
ce fiecle, ont témoigné à M. de Voltaire un
attachement bien honorable pour les lettres. On
diftingue parmi eux le Roi Staniflas de Pologne,
le Pape Benoît XIV, Madame la Margrave de
Bareith, & fur-tout Fréderic le Grand, Roi de
Pruffe, & l'Impératrice de Ruffie, Catherine II.
Leur correfpondance avec un philofophe foli-
taire, formerait un monument bien précieux pour
la littérature & pour la poftérité. Nul autre,
fans doute, ne pourrait lui être comparé, foit
dans l'antiquité, foit chez les modernes. Car les
lettres qui nous reftent de l'Empereur Julien aux
philofophes Maxime, Porphire, Jamblique, Li-
banius, &c., & leurs réponfes font en très-petit
nombre, & quoique fort intéreffantes par le
nom de leurs auteurs, & par le temps où elles

furent écrites, elles n'approchent d'ailleurs à aucun égard, du recueil dont nous parlons.

(4) *Rome ofait bien placer dans l'empire céleſte, &c.*

Si les Romains n'avaient décerné les honneurs de l'Apothéofe qu'à ceux de leurs Empereurs, dont la mémoire eſt encore chere à tous les hommes, & qui fe font illuſtrés par leurs vertus & leur génie, autant que par leurs talents militaires, comme les Antonins, Trajan, Titus, & même ce Julien, vengeur & bienfaiteur de la Gaule, littérateur, philofophe & guerrier, défenfeur zélé de l'ancienne Religion de l'Empire & de fes Peres; (car on ne peut fe diſſimuler que ce qui fait fon crime aux yeux de quelques perfonnes, & qui donna lieu à toutes les calomnies puériles des Écrivains du moyen âge, ne dût être fa principale vertu aux yeux des Payens.) Si les Romains, dis-je, n'avaient bâti des temples qu'à de tels hommes, on ferait tenté peut-être de pardonner leur idolâtrie, parce qu'enfin ces héros valaient beaucoup mieux que ce que toute l'antiquité appellait fes grands Dieux (*dii majores* ou *majorum gentium.*) Mais à la honte du nom Romain, les mêmes récompenfes étaient accordées aux ufurpateurs, aux monſtres de toute efpece & aux plus grands hommes; & l'Apothéofe qui, dans l'origine, n'était que le prix des vertus ou des fervices fignalés, rendus à la patrie, devint dans la fuite un ufage ridicule, renouvellé à la mort de chaque Empereur.

(5) *Du jeune Séſoſtris ?*

Tout le monde ſe rappelle la jolie piece de vers de M. de Voltaire , intitulée : *Séſoſtris* ; allégorie dont la juſteſſe devient plus ſenſible de jour en jour.

(6) On prétend que le laurier qui croît ſur le tombeau de Virgile, près de Naples , y eſt né ſpontanément , & conſerve ſa premiere vigueur , depuis près de deux mille ans. Cette fiction des Napolitains paraît être beaucoup plus goûtée de toute l'Europe que celle de leur San-Gennaro. M. de Voltaire y faiſait alluſion , lorſqu'il préſenta autrefois au Roi de Pruſſe , de la part de Madame la Margrave de Bareith , ſœur de ce Monarque , une branche de laurier , avec ces vers :

Sur l'urne de Virgile un immortel laurier ,
De l'outrage des temps ſeul a pu ſe défendre
    Toujours vert & toujours entier.
Je voulais le cueillir & n'oſais l'entreprendre ;
Prévenant mon effort je l'ai vu ſe plier ,
    Et cette voix s'eſt fait entendre :
» Approche, auguſte ſœur du rival d'Alexandre ,
» Fréderic de ma lyre eſt le digne hériuer.
» J'y joins un nouveau don que lui ſeul peut pré-
    tendre ;
» Déja ſon front par Mars fut cinq fois couronné ;
» Qu'aujourd'hui par ta main , il ſoit encore orné
» Du laurier qu'Apollon fit naître de ma cendre. »

Fin des Notes de l'Ode.

B 4

ÉLOGE

DE VOLTAIRE,

Par M. Palissot.

LA gloire de M. DE VOLTAIRE n'eſt pas reſſerrée dans les ſeules limites de ſa patrie. C'eſt à l'Europe entiere, attentive aux premiers jugemens qui vont être portés ſur cet Écrivain célebre; c'eſt à notre ſiecle & à la poſtérité, toujours juſte, mais toujours ſévere, que nous ferons reſponſables de ce que nous allons écrire : & nous aimons à nous pénétrer de cette vérité, pour nous défendre ici de toute paſſion, de tout enthouſiaſme. Écartons également & les éloges donnés par l'adulation, & les ſatyres plus prodiguées encore par la haine; & tâchons de ſaiſir, avec impartialité, ce qui doit caractériſer

à jamais cet homme rare, cet homme singulier,
&, pour parler d'avance le langage de nos des-
cendans, cet homme unique.

MARIE - FRANÇOIS AROUET DE VOLTAIRE
naquit à Paris, le 20 Février 1694, de François Arouet, Payeur des Épices & Receveur des
Amendes à la Chambre des Comptes, & de Ma-
rie-Marguerite Daumart. Passons rapidement sur
les dispositions prématurées de son enfance; mais
arrêtons-nous un moment sur cette longue suite
de singularités brillantes qui se succéderent, sans
interruption, dans tout le cours de sa vie, &
qui en ont fait un homme tel que les siecles
précédens n'en avaient point encore vu, & tel
que les siecles postérieurs n'en reverront peut-
être jamais.

Parmi ces singularités, il en est d'un ordre
purement physique. C'en est une, par exemple, que cette heureuse organisation capable de
suffire à l'application la plus continue, & qui,
sans être assujettie aux variations du temps, ne
se délassait du travail que par le travail même.
Malgré une constitution très-délicate en apparence, aucun homme n'a été à la fois plus pré-

coce que M. de Voltaire, & n'a joui d'une
vieilleffe plus faine & plus robufte. Aucun n'a
commencé fa carriere d'une maniere plus brillante, & ne l'a terminée avec plus de gloire.
Non-feulement il a fuffi à des travaux littéraires,
qui auraient donné matiere à trente réputations
diftinguées, mais à des foins qui femblaient incompatibles avec cette paffion toujours prédomi-
nante pour l'étude. M. de Voltaire n'était étranger
ni aux fpéculations du commerce, ni à celles de
la finance : il a fu conferver & augmenter fa
fortune. Il a trouvé du temps pour les plaifirs ; il
en a trouvé pour entretenir dans toute l'Europe, la correfpondance la plus vafte qu'aucun
particulier ait jamais eue, foit avec les favans
& les artiftes les plus recommandables de fon
fiecle, foit avec plufieurs Souverains, qui l'ont
honoré d'une intimité (1) dont la gloire doit
rejaillir à jamais fur les Lettres, & dont le monde
n'avait pas vu d'exemples depuis les temps de
Philippe & d'Alexandre (2). Il en a trouvé pour
fe rendre utile à une foule d'infortunés célebres, qu'il a défendus par fon éloquence. Enfin
il a trouvé celui de fonder, à quelques lieue des

Geneve, une Colonie floriſſante, Colonie dont il n'a jamais ceſſé d'être le bienfaiteur, devenue orpheline par ſa mort, & qui s'eſt montrée digne de ſes bontés par ſa reconnaiſſance. Nous ne parlons ici que de faits connus, avoués par les ennemis mêmes de M. de Voltaire, & ſur leſquels l'envie qui veille encore auprès de ſa tombe, ne peut jetter aucun nuage.

Le moral, dans cet homme ſingulier, n'offrit pas moins de phénomenes que le phyſique. C'eſt à l'âge de dix-huit ans qu'il fit ſa première Tragédie; &, comme nous l'avons dit après la Motte, qui eut le mérite de le prévoir, & le courage de l'annoncer, Corneille & Racine eurent un ſucceſſeur. C'était un prodige qu'un pareil début; mais par un prodige plus grand encore, il méditait, dès-lors, le ſeul ouvrage de génie qui n'eût pas été tenté dans le ſiecle de Louis XIV, ou du moins qui l'avait été ſi malheureuſement, qu'il ne reſte de tous ces eſſais aucun veſtige. Il conçut le projet de la *Henriade*, & la France fut étonnée de devoir ſon premier Poëme épique à un Auteur de vingt-quatre ans. Le même homme eſt devenu depuis le rival de l'Ariofte dans un autre Poëme. Le même a été l'hiftorien de Pierre le Grand , de Charles XII, de Louis XIV , & celui de toutes les nations depuis Charlemagne jufqu'à nos jours. Le même a étendu la carriere de l'hiftoire, trop refferrée avant lui , dans les détails de la politique & de l'ambition des Princes ; comme s'il était de la deftinée des peuples, de leur être facrifiés en tout & jufques dans les Annales du monde. Il a fait fentir le premier cette efpece d'outrage fait au genre humain ; & ce que les hiftoriens avaient jufqu'alors le plus négligé , l'influence de l'opinion fur fes malheurs de la terre , les loix , les ufages , les mœurs, les progrès des fciences & des arts , devinrent le principal objet de fes recherches. Cette révolution de l'hiftoire, perfectionnée par la philofophie , eft, peut-être, une des chofes qui lui a donné le plus de droits à l'admiration de fes contemporains , & à la reconnaiffance de la poftérité. Le même a enrichi notre littérature d'un nouveau genre de romans, & d'une foule de poéfies légeres, faillies rapides d'une imagination inépuifable, toujours active, toujours brillante , & dont quelques-unes ont un caractere

original qui n'appartient qu'à lui seul, & du goût
le plus exquis (*). Le même a mesuré la hauteur &
fixé, pour ainsi dire, les limites du génie de Corneille, dans un Commentaire qui dût déplaire d'a-
bord aux admirateurs passionnés de ce grand homme, non-seulement par quelques expressions trop
dures (‡), & par quelques jugemens hazardés, que

(*) Telles que l'Épître des *Tu & des Vous*, &
quelques autres Pieces de ce genre charmant.

(‡) Il serait à souhaiter, sans doute, que dans ce
Commentaire l'Auteur se fût interdit quelques-unes
de ces expressions trop ameres, & qui sembleraient
injurieuses à la mémoire de Corneille, si M. de
Voltaire n'eût pas témoigné, en mille autres endroits, toute l'admiration dont il était pénétré
pour ce génie créateur. L'humeur, qui paraît percer, sur-tout dans les dernieres éditions de cet
ouvrage, n'était pas contre Corneille, mais contre les admirateurs fanatiques de ce grand homme,
qui s'étaient pressés de publier d'avance que ce
Commentaire ne serait qu'une satyre dictée par
l'envie, & qui, dès qu'il parut, ne manquerent pas
de s'élever contre les remarques les plus justes,
avec une fureur aveugle, qui prouvait assez qu'ils
n'étaient pas dignes de se passionner pour Corneille. M. de Voltaire, par une suite de son caractere bouillant, impétueux, & porté naturellement à la colere, mit alors moins de ménage-
ment & plus de sévérité dans des observations,

nous y reconnaiffons comme eux, mais parce que l'admiration fuperftitieufe fe refufe à tout examen, à toute difcuffion fur l'objet de fon culte. Pour nous, exempts de ces préjugés, plus capables d'affaiblir, que d'augmenter la vénération qu'on doit à Corneille, loin de blâmer le courage de fon Commentateur, nous nous le propofons, au contraire, pour modele; & rien n'atteftera mieux la

d'ailleurs judicieufes: & à des yeux préoccupés, ces expreffions, trop dures, donneront toujours quelque prife à fes cenfeurs. Malheureufement, en bleffant la fenfibilité de M. de Voltaire, il n'était que trop aifé de le précipiter vers les extrêmes. Ses adulateurs & fes ennemis n'ignoraient pas ce fatal fecret; & c'eft à l'adreffe perfide avec laquelle les uns & les autres abufaient également de fon caractere, qu'on doit imputer une partie de fes fautes. Perfonne n'a eu le goût plus fûr que lui, quand il n'était pas dominé par l'humeur. Perfonne n'a été, quelquefois, plus injufte, lorfqu'il avait le malheur d'être, fans le favoir, l'inftrument des paffions de ceux qu'il regardait comme fes amis: mais il n'eft guere de ces injuftices, dans fes ouvrages, qui ne foient réparées, ou dans un volume précédent, ou dans un volume poftérieur; & la meilleure maniere de faifir fa véritable façon de penfer, c'eft de l'oppofer à lui-même.

fincérité de nos fentimens pour M. de Voltaire, que notre refpect pour la vérité.

Enfin, il était réfervé encore à cet homme unique, de nous donner les premieres notions de la littérature anglaife ; de nous familia-rifer avec la métaphyfique de Locke ; de nous inftruire des découvertes de Newton ; de nous encourager à la pratique hardie, mais falutaire, de l'inoculation, dont per-fonne, en France, n'avait parlé avant lui, & qu'on a tentée depuis fur les têtes les plus précieufes, les plus cheres à la nation ; de combattre en philofophie, en littérature, en hiftoire, une multitude de préjugés ; d'ap-profondir, en paraiffant les effleurer, foit dans fes *Mélanges*, foit dans fes *Queftions en-cyclopédiques*, un nombre à peine croyable d'idées curieufes & intéreffantes, & de nous laiffer, dans le vafte Recueil de fes Œuvres, une bibliotheque immenfe, émanée de fon feul génie.

A le confidérer comme Poëte épique, la *Henriade*, ainfi que nous l'avons déja obfervé, n'avait eu, parmi nous, aucun modele digne

de quelque attention. Nous accordons aux cenfeurs de M. de Voltaire, que cet ouvrage a dû
néceffairement fe reffentir de la jeuneffe de l'Auteur ; que s'il en eût conçu le plan dans un âge
plus mûr, l'ordonnance en eût été plus riche &
plus impofante ; que l'antithefe y ferait plus
ménagée ; qu'au lieu de fe borner à des portraits,
d'un coloris, à la vérité, très-brillant, l'Auteur
eût peint fes perfonnages d'une maniere plus
grande, en les faifant agir ; qu'il eût moins négligé la partie dramatique, & donné, par confé-
quent, plus d'intérêt à fon Poëme. Mais puifque,
dans un fiecle, enrichi de toutes les merveilles
du fiecle de Louis XIV, la *Henriade* a été
tant de fois réimprimée, puifqu'elle a été tra-
duite dans toutes les langues de l'Europe, &
même dans les langues favantes, puifqu'enfin la
nation n'a, jufqu'ici, rien de comparable, en
fon genre, à ce bel ouvrage, ne foyons point affez injuftes, affez ennemis de notre gloire, pour
méconnaître fes beautés, en convenant de fes
fautes.

Gardons-nous d'abaiffer la majefté du feul
Poëme Épique que nous ayions, fous prétexte

que Boileau nous a donné , dans le *Lutrin* , un chef-d'œuvre de plaisanterie. C'est confondre toutes les bornes des arts , que de comparer ainsi des choses qui font évidemment hors de toute comparaison.

Rendons justice au goût de l'Auteur, qui a fu faire un Poëme très-court , & en exclure tout cet échafaudage de merveilleux antique , qui eût paru fi déplacé dans notre Religion , dans nos ufages , dans nos mœurs , enfin dans un fujet fi rapproché de l'âge où nous vivons.

N'oublions pas l'heureux choix de ce même fujet, qui le rendra toujours cher à la nation , la richeffe des détails , le charme du coloris , l'élégance continue du ftyle , & , ce qui nous le rend plus précieux encore , l'horreur qu'il infpire de la perfécution , du fanatifme , de la fuperftition , & de tous ces attentats facrés qui ont défolé la terre depuis dix-huit fiecles.

N'oublions pas que l'Auteur a prouvé depuis , qu'il pouvait atteindre à ces beautés effentielles & fondamentales , dont la *Henriade* paraîtra toujours un peu trop dénuée à des yeux féveres ; & que , dans un autre Poëme , il s'eft

montré le digne émule de l'Ariofte. Enfin , fi
quelques cenfeurs inflexibles s'obftinaient encore
à lui reprocher les imperfections échappées à fa
jeuneffe, que ces cenfeurs, du moins, nous in-
diquent un homme capable , au même âge, d'un
pareil effort. Chofe vraiment admirable dans la
deftinée de ce grand homme, qu'il ne puiffe def-
cendre de fa fupériorité dans quelque partie , fans
que ce défavantage ne foit auffi-tôt compénfé par
un prodige ! car c'en était un que d'avoir conçu
le projet de la *Henriade* à vingt ans.

Mais que le même Poëte , à qui nous devons, dans le genre de l'Épopée, deux Ouvrages
d'un caractere fi différent, ait encore enrichi le
Théatre des plus belles Tragédies que nous ayions
vues depuis celles de Racine ; qu'après avoir ouvert fa carriere dramatique à dix-huit ans, il l'ait
finie, comme Sophocle , à quatre-vingt-quatre,
par une Piece où l'on reconnaiffait encore la vigueur de fon génie (3) : c'eft ici que l'étonnement
augmente, & doit néceffairement fe changer en
admiration.

On a répété fouvent que M. de Voltaire avait
donné le premier à l'action tragique plus de dig-

nité , plus d'appareil , plus de pompe, en un mot ,
plus d'illufion théatrale , & qu'il l'avait purgée de
ces intrigues d'amour , mélées fi fréquemment &
fi mal-adroitement aux fujets les plus terribles de
la fcene antique. Mais gardons-nous de ces éloges indifcrets , que ce grand homme défavoûrait
lui-même. Racine , dans *Athalie*, avait donné
le premier exemple d'une Tragédie fans amour ,
& foutenue , d'ailleurs, du fpectacle le plus ma-
jeftueux & le plus impofant. Racine avait porté
l'art à ce degré de perfection *défefpérante* ,
comme on l'a dit très-heureufement, qui ne laiffe
plus de place à la rivalité. Racine était donc le
feul homme dont M. de Voltaire eût à redouter la
comparaifon ; & c'eft celui qu'il a toujours lóué
avec tranfport , avec cette éloquence énergique &
attendriffante , qui ne peut venir que du cœur (4).
Nous ne connaiffons rien , dans fa vie , qui l'honore autant que ce trait, qui décele mieux fa véritable fupériorité : & c'eft une barriere invincible
que nous oppoferons toujours à ceux qui l'ont
accufé de jaloufie.

Mais fi M. de Voltaire n'a fait aucun chef-
d'œuvre qui puiffe être comparé , en fon entier ,

aux chef-d'œuvres de Racine ; fi fes plans manquent
en général de cette régularité , de cette fageffe
qu'on admire dans ceux de notre Euripide ; fi les
parties en font moins heureufement enchaînées ; s'il
a fondé , quelquefois , fes grands effets fur de trop
petits moyens ; s'il a donné le dangereux exemple des maximes trop prodiguées , des beautés déplacées , qui laiffent voir trop fouvent le Poëte à
la place de fes perfonnages ; fi c'eft à lui , enfin ,
que les vrais connaiffeurs affigneront l'époque de
la décadence naiffante de l'art , quels efforts de
génie n'a-t-il pas faits , depuis *Œdipe* jufqu'à
Tancrede , pour le foutenir dans le degré de perfection le plus voifin de celui auquel il ne pouvait plus atteindre , parce que Racine l'avait devancé ! Nous avons dit que nous nous permet-
trions , à fon égard , la même liberté qu'il s'eft
permife à l'égard de Corneille ; & l'on fent trop
que notre intention ne faurait être de le rabaiffer.
Si véritablement il n'a point perfectionné l'art ,
lorfqu'il ne pouvait plus fe perfectionner , il a
fu lui donner , du moins , par les grandes vues
morales , & par les fentimens d'humanité qui refpirent dans toutes fes Tragédies , un nouveau de-

gré d'importance & d'utilité. Il a fu mériter, en fe créant des routes nouvelles, la gloire d'être en effet un digne fucceffeur de Corneille & de Racine. Si le caractere dominant du premier de ces Poëtes lui affure la premiere place aux yeux de ceux à qui les maximes d'état & de politique paraiffent ce qu'il y a de plus impofant chez les hommes; fi le fecond doit l'emporter au jugement des ames fenfibles, qui fe plaifent dans la peinture des grandes paffions, dont elles ont éprouvé les orages, il nous femble que M. de Voltaire doit plaire davantage à celles qu'une philofophie douce & tendre intéreffe plus vivement au bonheur de l'humanité, & qu'enfin il eft, plus qu'aucun de fes deux rivaux, le Poëte des philofophes.

Ce n'eft pas qu'il n'ait eu des fuccès mérités & brillans dans les parties mêmes qui caractérifent le plus fpécialement ces fondateurs de la fcene. Qui ne s'attendrirait point avec *Zaïre*, ne ferait touché que faiblement des larmes d'*Andromaque*. Qui ne fentirait pas les beautés mâles & fieres de *Brutus*, de la *Mort de Céfar*, de *Rome fauvée*, ne ferait pas digne d'admirer Corneille. Enfin, Crébillon, homme de génie , fans doute, mais placé à un trop grand intervalle des deux grands hommes dont on vient de parler, n'a rien de plus tragique & de plus fombre, dans le genre qui lui eft propre, que les fcenes vraiment terribles de *Sémiramis* & de *Mahomet.*

Cependant nous devons répéter, pour l'honneur de l'art , que tous ces fuccès fi multipliés de M. de Voltaire, ne lui laiffent que la premiere place après Racine. Si fon Théatre eft plus varié , fi fes fituations paraiffent quelquefois plus déchirantes que celles de fon illuftre prédéceffeur, il ne doit ces avantages du moment qu'à des invraifemblances que le goût de Racine ne fe fût jamais permifes. On voit qu'il a trop facrifié à l'effet, qu'il s'eft livré, dans fes plans, à un merveilleux trop recherché, trop romanefque, & qu'il n'a point été affez févere fur le choix de fes moyens dramatiques. On voit, en un mot, qu'il ne doit cette apparence de fupériorité qu'à des fautes contre l'art même : fautes qui feront exagérées par des imitateurs qui n'auront pas fon génie , & qui entraîneront enfin la corruption du goût, & la décadence entiere du Théatre

C'eſt pourtant à ce genre de beautés forte-
ment tragiques, que nous ſommes redevables du
haut degré où l'art de la repréſentation a été
porté, pendant quelques années, ſur notre ſcene.
Aucun aĉteur, à ce que nous atteſte M. de
Voltaire lui-même, qui avait vu Baron & Mademoiſelle le Couvreur, n'avait ſu rendre ces
emportemens de la nature qui ſe peignent par un
mot, par une attitude, par un ſilence, par un
cri qui échappe à la douleur. ,, Nous ne com-
,, mençâmes à connaître ces grands traits que par
,, Mademoiſelle Dumeſnil, lorſque, dans *Mé-*
,, *rope*, les yeux égarés, la voix entrecoupée,
,, levant une main tramblante, elle allait immo-
,, ler ſon propre fils, quand *Narbas* l'arrêta;
,, quand, laiſſant tomber ſon poignard, on la vit
,, s'évanouir entre les bras de ſes femmes, &
,, qu'elle ſortit de cet état de mort avec les
,, tranſports d'une mere; lorſqu'enſuite s'élan-
,, çant aux yeux de *Polifonte*, traverſant, en un
,, clin d'œil, tout le Théatre, les larmes dans les
,, yeux, la pâleur ſur le front, les ſanglots à la
,, bouche, les bras étendus, elle s'écria: *Barbare,*
,, *il eſt mon fils* (5)! ,,

Ce n'eſt que par *Mahomet*, par *Sémiramis*, par *Tancrede*, que nos acteurs, au lieu de déclamer, apprirent à devenir des peintures vivantes, & non-ſeulement à exprimer, comme il convenait, ces grands mouvemens de pathétique & de terreur dont M. de Voltaire a donné tant d'exemples ; mais à repréſenter dignement le cinquieme Acte de *Rodogune*, *Athalie*, *Phedre*, *Iphigénie*, & tous les chef-d'œuvres de notre ſcene.

Cependant on oppoſait ſucceſſivement à M. de Voltaire une foule de concurrens qui n'approchaient pas de ſa renommée. On lui diſputait le titre d'homme de génie, tandis qu'on le prodiguait à Piron, qui, véritablement, avait eu le mérite de faire une des meilleures Comédies qu'on eût vues depuis Moliere ; mais très-inférieure aux chef-d'œuvres de ce grand homme. Si l'on en croyait ces judicieux appréciateurs des réputations, M. de Voltaire ne devait la ſienne qu'aux maitres de l'art qui l'avaient devancé. Il n'eût été rien par lui-même : mais ayant ſous les yeux les belles Tragédies de Corneille, de Racine & de Crébillon, qu'on ne mettait au niveau des deux autres que pour en éloigner davantage

vantage celui qu'on voulait déprimer ; il n'était pas furprenant qu'un très-bel-efprit (comme ils le nommaient) eut acquis quelque gloire dans une carriere toute tracée par le génie de fes prédécefleurs. C'eft ainfi que les ennemis de Racine avaient affecté de publier qu'il devait tout à Corneille. L'envie fe répete elle-même , & n'a en effet que ce trifte moyen d'humilier tout homme fupérieur qui s'éleve après d'autres hommes fupérieurs ; mais c'eft , au contraire , cette foule d'excellens ouvrages dont la fcene était enrichie , & cette perfection où l'art femblait porté , qui redouble notre admiration pour M. de Voltaire. C'eft lorfqu'un genre commence à s'épuifer , qu'il devient plus difficile au génie même de s'ouvrir des routes nouvelles, de fe former encore une maniere à foi , & d'égaler du moins en partie , des rivaux qu'on devait défefpérer d'atteindre. Racine dut étonner fon fiecle , précifément parce qu'il était venu après Corneille ; Crébillon s'eft fait , à fon tour, une réputation impofante , pour avoir foutenu celle du Théatre , après ces deux grands hommes , par deux ou trois Pieces d'un caractere vrai-

C

ment tragique, & qui passeront à la postérité malgré leurs défauts, & le style barbare qui les défigure trop souvent. Soyons justes : M. de Voltaire, qui est venu le dernier, n'eût-il fait que *Mahomet* & *Alzire*, sera toujours compté parmi nos plus grands tragiques ; & rien n'atteste mieux sa supériorité, que d'avoir mérité ce rang lorsqu'il semblait impossible d'y parvenir. Mais quelle idée plus grande encore ne se formera-t-on pas de cet Écrivain célebre, si l'on ajoute à ces deux Tragédies *Œdipe*, la premiere & l'une des meilleures qu'il ait faites, *Zaïre*, *Semiramis*, *Brutus*, *Adélaïde*, *Mérope*, & tant d'autres, toutes accueillies avec transport, toutes assez belles pour rendre les connaisseurs incertains, s'il était question d'établir entr'elles quelque préférence ; & si l'on pense que le même homme, dans le genre de la Comédie du second ordre, a donné l'*Enfant prodigue* & *Nanine*, qu'il a tenté d'autres succès encore, & qu'enfin il a parcouru toutes les branches de l'art dramatique !

Nous ne dissimulerons pas que, depuis *Tancrede*, il ne soit échappé à l'auteur plusieurs

Pieces où l'empreinte de fon génie paraît effa-
cée : mais c'eſt un tribut qu'il a payé à la vieilleſſe ; & nous devons ajouter que ſi, dans ſes
premiers ouvrages, il ne s'eſt pas élevé juſqu'à
la hauteur du génie de Corneille, il ne s'eſt
point abaiſſé, dans les derniers, au degré d'*A-
géſilas* & de *Pertharite*. S'il eſt au-deſſous de lui-
même, il nous ſemble très-ſupérieur encore,
dans les *Scythes*, dans *Olympie*, à tout ce
que nous offrent de plus ſoigné ceux de nos
jeunes auteurs, qui, peut-être, s'enivrent le
plus de l'eſpoir de le remplacer. On n'y retrouve
point, à la vérité, le ſtyle enchanteur de ſa
jeuneſſe : mais on y retrouve toujours ſa clarté,
ſa correction, & ſur-tout de grandes vues, qui manquent principalement à nos jeunes écrivains. On
ſait que, non-ſeulement, dans ſes dernieres Pieces de Théatre, mais dans tout ce qu'il écrivait en vers alexandrins (6), il s'était formé,
depuis quelques années, une maniere expéditive,
beaucoup trop négligée, & qui, malheureuſement, n'aura que trop d'imitateurs. Ce n'eſt que
dans ſa proſe (*), & dans ſes poéſies légeres, qu'il

(*) Il a toujours conſervé dans ſa proſe un tour

a confervé jufqu'à fes derniers jours le charme de fes premiers écrits ; & Racine & lui, comme nous l'avons dit ailleurs, font les feuls qui aient eu le double mérite d'écrire en vers & en profe avec une égale fupériorité.

En achevant de parcourir la carriere immenfe de fes travaux, nous nous croyons obligés de rappeller à nos lecteurs que c'eft toujours du même homme que nous parlons. C'eft à lui que nous devons encore, & ces hiftoires particulieres que nous avons déja indiquées, & ce vafte *Effai fur les Mœurs & fur l'Efprit des Nations*, ouvrage plein de recherches, & qui pouvait occuper la vie entiere d'un écrivain laborieux.

Perfonne ne lui a difputé cette maniere d'écrire toujours agréable & toujours intéreffante, qui le fait lire avec tant de plaifir par les in-

original, un caractere purement à lui, qui le faifait reconnaître dès les premieres lignes. Le feul trait de décadence que l'on y remarque, vers les derniers temps, c'eft le mélange de quelques plaifanteries déplacées à côté des chofes les plus férieufes.

grats mêmes qui voudraient se refuser le plus au sentiment pénible d'une admiration qui les humilie : mais on a dit que le style de l'auteur n'était pas toujours celui de l'histoire ; & véritablement, (car nous ne voulons rien dissimuler) M. de Voltaire s'est permis, de loin à loin , quelques traits d'ironie , qui semblent déroger un peu à la gravité du style historique. On souhaiterait que ces petites taches, quoique très-rares , fussent effacées par un éditeur sévere. On sent bien qu'on ne retrancherait à l'auteur que de l'esprit , & que même on serait tenté de le regretter : mais on le sacrifierait aux convenances , & d'ailleurs on lui laisserait tant de beautés !

C'est dans le genre de l'histoire , sur-tout , que M. de Voltaire a répandu cet esprit de tolérance & de paix , d'humanité & de bienfaisance , qui le caractérise essentiellement. Les oppresseurs y sont peints sous des couleurs si odieuses , les opprimés y deviennent si intéressans , qu'il est peu d'ames qui n'éprouvent , en le lisant , la douce illusion de se croire meilleures. Les calamités de la guerre , celles de l'opinion , plus terribles encore , enfin les malheurs du monde y sont préfentés de maniere à faire defirer que l'auteur foit, plus qu'aucun autre, l'hiftorien des Rois. L'indépendance de leurs couronnes n'eft, nulle part, plus refpectée & plus folidement établie : mais les droits imprefcriptibles de l'humanité n'ont jamais eu de défenfeur plus courageux. C'eft, en ce fens, de tous les genres que M. de Voltaire a traités, celui qui doit le rendre le plus cher aux Princes, dont il accoutume l'oreille à entendre la vérité, & aux peuples, dont il foutient la caufe en philofophe éloquent & fenfible. C'eft celui dans lequel il s'eft montré le meilleur citoyen, & par qui nous croyons qu'il a le mieux mérité de fon fiecle & de l'avenir.

L'envie, qui fe plaît à prodiguer les accufations vagues, qu'elle fait bien qu'on n'éclaircira jamais, & dont la difcuffion même eft prefque toujours impoffible, n'a pas manqué de reprocher à M. de Voltaire d'avoir eu trop peu de refpect pour la vérité ; d'avoir altéré les faits, au gré de fon imagination, & pour le feul plaifir de les dénaturer ; d'être enfin un romancier agréable, plutôt qu'un hiftorien véridique. Cela était fi facile à dire, & fi difficile à prouver, qu'en effet l'envie ne pouvait guere choisir d'imputation qui fût plus dans son caractere, mais à laquelle, en même-temps, il fût plus aisé de la reconnaître. Nous avons entendu répéter cent fois ces objections parasites, soit à des soupés, où l'on sait bien qu'une dissertation ne sera point admise, soit dans quelques-unes de ces conversations frivoles, où le passage continuel & rapide d'une matiere à l'autre, ne permet d'en approfondir aucune ; & nous n'avons jamais daigné répondre à ces détracteurs de M. de Voltaire, qui choisissaient si adroitement leur champ de bataille. Mais nous avons pesé, dans le silence, ces accusations si fréquemment renouvellées, ou par d'agréables ignorans, qui n'ont pas la plus légere idée des choses dont ils parlent, ou par ces manœuvres de la critique, éternels échos des sottises qui ont été dites avant eux. Nous avons trouvé, sans doute, dans M. de Voltaire, comme dans nos historiens les plus accrédités, des erreurs qu'il faut bien se garder de confondre avec les mensonges, mais en bien plus petit nombre qu'on ne le croit communément ; & nous osons dire qu'en ce qui

regarde particuliérement la France , il en est
beaucoup moins que dans le Président Hénault.
Il y a plus d'erreurs dans le petit Livre de No-
notte, intitulé : *Les Erreurs de Voltaire* , que
dans les huit ou dix volumes in-4°., unique-
ment confacrés à l'hiftoire dans la Collection
de ce grand homme : c'eft , peut-être , ce que
nous prouverons ailleurs. On a fuppofé volontiers que dans la longue époque des guerres de
l'Empire & du Sacerdoce , M. de Voltaire s'é-
tait fait un plaifir malin d'exagérer les fcandales
de l'Églife. Qu'on le compare avec Fleury, qui
n'eft point fufpect, avec Baronius (*), hiftorien
dévoué aux maximes ultramontaines, & on le
trouvera modéré. Nous avons même peu d'Écrivains qui aient parlé du Clergé de France avec
plus de décence & de circonfpection. Mais nous
voulons bien n'en être pas crus fur notre parole ; & nous oppoferons feulement aux détrac-

-----

(*) Cette époque d'ignorance & de crimes était,
felon Baronius , *un fiecle de fer & de plomb*. Il
ne craint pas d'appeller ces fcandales *les naufra-
ges de l'Églife romaine*.

teurs de M. de Voltaire, en matiere d'hiſtoire,
une autorité qui forcera du moins les ames im-
partiales à ſuſpendre leur jugement. On connaît
le ſavant tableau des progrès de la ſociété en
Europe, depuis la deſtruction de l'Empire Romain juſqu'au commencement du ſeizieme ſiecle, qui ſert d'introduction à l'*Hiſtoire de Char-
les-Quint*, par le célebre Robertſon. Voici le
témoignage que cet étranger rend à M. de Voltaire.

    » Dans toutes mes diſcuſſions ſur les progrès
» du Gouvernement, des mœurs, de la littéra-
» ture & du commerce pendant les ſiecles du
» moyen âge, ainſi que dans l'eſquiſſe que j'ai
» tracée de la conſtitution politique des divers
» États de l'Europe, au commencement du ſeizieme
» ſiecle, je n'ai pas cité une ſeule fois M. de Vol-
» taire, qui, dans ſon *Eſſai ſur l'Hiſtoire gé-
» nérale*, a traité le même ſujet, & examiné le
» même période de l'hiſtoire. Ce n'eſt pas que
» j'aie négligé les ouvrages de cet homme extra-
» ordinaire, dont le génie, auſſi hardi qu'univer-
» ſel, s'eſt eſſayé dans preſque tous les genres de
» compoſitions littéraires. Il a excellé dans la
» plupart; il eſt agréable & inſtructif dans tous;

» *on regrette feulement qu'il n'ait pas ref-*
» *pecté davantage la Religion* (*). Maiscomme
» il imite rarement l'exemple des hiftoriens mo-
» dernes, qui citent les fources d'où ils ont tiré
» les faits qu'ils rapportent, je n'ai pu m'appuyer
» de fon autorité pour confirmer aucun point
» obfcur ou douteux. Je l'ai cependant fuivi
» comme un guide dans mes recherches ; & il
» m'a indiqué , non-feulement les faits fur lef-
» quels il était important de s'arrêter, mais en-
» core les conféquences qu'il fallait en tirer. S'il
» avait , en même - temps, cité les livres origi-
» naux, où les détails peuvent fe trouver , il
» m'aurait épargné une grande partie de mon tra-
» vail ; & plufieurs de fes lecteurs, qui ne le regar-
» dent que comme un écrivain agréable & inté-
» reffant, verraient encore en lui *un hiftorien*
» *favant & profond.* »

(*) Cette phrafe , que nous nous fommes bien
gardés de fupprimer , prouve , à la fois, l'impartialité de M. Robertfon & la nôtre : mais il faut
obferver que M. Robertfon, Hiftoriographe du Roi
d'Angleterre pour l'Écoffe, eft , en même-temps ,
Docteur en Théologie , & principal de l'Univerfité
d'Édimbourg.

Que les lecteurs pesent ce témoignage d'un homme instruit ; cette justice rendue à M. de Voltaire par un Anglais, très-profond lui-même dans l'histoire ; & qu'ils jugent du mépris que méritent d'ignorans Zoïles, qui ne cessent de le calommier dans sa patrie.

Nous nous sommes étendus sur les principales branches de la réputation de M. de Voltaire, & nous sommes encore loin d'avoir tout épuissé : mais c'est un éloge, & non un volume que nous avons entrepris. Faisons actuellement la part de l'envie, & parlons des faiblesses de ce grand homme. Il les dut toutes à une sensibilité trop délicate, trop ombrageuse, & qui se tournait facilement en colere. Naturellement bon, humain, généreux, comme il est aisé de le prouver par une suite non interrompue de belles actions dont sa vie est semée, les contrariétés, les injustices, les persécutions, aigrirent quelquefois son caractere, au point de lui inspirer, du moins en apparence, des haines très-violentes. Le fiel coula de sa plume, non-feulement contre une foule de détracteurs obscurs qu'il aurait dû méprifer, mais contre des hommes que leur mérite aurait dû lui rendre facrés, quoiqu'ils euffent eu le malheur d'être fes ennemis. Tel fut fon acharnement contre Jean-Baptifte Roufleau, & contre un grand homme du même nom, dont il avait eu plus encore à fe louer qu'à fe plaindre.

L'un & l'autre, à la vérité, avaient eu des torts avec lui. Jean-Baptifte Roufleau, après en avoir parlé comme de la plus riche efpérance de la nation (7), après avoir donné à la Tragédie d'*Œdipe* & à la *Henriade* les plus grands éloges, parut devenir jaloux, & finit par comparer leur auteur à Pitaval & à Gacon. Nous ofons croire que M. de Voltaire lui aurait pardonné ces injures, méprifables à force d'être extrêmes : mais Roufleau, victime d'une accufation injufte, & qui devait être d'autant plus réfervé à accufer perfonne, qu'il avait éprouvé lui-même ce que la perfécution a de plus cruel, fe permit de dénoncer M. de Voltaire, dans quelques-unes de fes Lettres, comme l'auteur de l'*Épître à Uranie*. Cette accufation, inexcufable, fi elle était un abus de confiance, plus inexcufable encore, fi Roufleau l'avait hazardée fans preuve, pouvait expofer M. de Voltaire, dans un temps infiniment plus févere.

que le nôtre, à des reſſentimens plus implacables que ceux dont Rouſſeau avait éprouvé la
violence : voilà ce qui les rendit irréconciliables.
Mais chacun d'eux aurait dû reſpecter, dans ſon
rival, le talent qui l'honorait lui-même. Jettons
un voile ſur ces mutuelles faibleſſes. N'imitons pas
ceux qui, pendant la vie de ces deux émules de
gloire, ne ceſſaient d'attiſer une haine qu'ils auraient dû ſacrifier l'un & l'autre, & qu'il ne ſub-
ſiſte, après leur mort, que les témoignages de juſ-
tice qu'ils ſe font réciproquement rendus. La poſtérité, en plaçant M. de Voltaire fort au-deſſus
de Rouſſeau, conſervera toujours à-celui-ci le
premier rang parmi les Poëtes lyriques. M. de
Voltaire n'en doutait pas, lui dont les efforts, en
ce genre, n'avaient pas été très-heureux : mais
il en devait l'aveu, & il n'en eût été que plus
grand.

Nous verrons, dans l'article conſacré à la mémoire de l'autre Rouſſeau, qu'il eut, à-peu-près,
envers M. de Voltaire, les mêmes torts que le précédent : mais ce que nous ne pouvons omettre
ici, ce qui peint M. de Voltaire, & ce qui prouve
combien le fond de ſon caractere, naturellement

bon & senfible , prévalait en lui fur les sentimens d'une vengeance étrangere à fon cœur, c'eft l'a-necdote fuivante, que nous tenons d'une main fûre, & d'un témoin oculaire.

Lorfque les perfécutions commencerent à s'élever contre le citoyen de Geneve , M. de Voltaire lui écrivit ,pour lui offrir un afyle. On connaît la réponfe un peu cynique du philofo-phe: » Je ne vous aime point ; je ne veux ni de » votre afyle , ni de votre eftime ; » réponfe qui formait un fingulier contrafte avec les témoig-nages d'admiration, de refpect même, qu'il avait, quelques années auparavant, prodigués à ce grand homme. Le premier mouvement de M. de Vol-taire fut terrible ; car c'était fa maniere de fe fâ-cher : mais, quelques jours après, on crut voir , aux environs de Ferney , le citoyen de Geneve ; on fe preffa de l'annoncer à M. de Voltaire, qui , les larmes aux yeux , dit, avec cette effufion de cœur qui a été en lui le principe de tant d'actions généreufes: » Qu'on le faffe venir; il n'a plus » de torts, dès qu'il eft chez moi. »

Tel était en effet le caractere de cet homme fingulier. Un peu gâté par l'adulation qu'il aimait , aigri par l'envie qu'il avait excitée, il ne connaissait aucun frein, ni dans ses emportemens, ni dans les écrits échappés au premier mouvement de ses passions. Incapable, au fond, de se venger autrement que par sa plume, il semblait se complaire dans des projets de vengeance qui s'évanouissaient toujours avec sa colère. A le juger par cette fougue momentanée, on l'eût cru voisin des plus grands excès, & tout prêt à nuire : mais il ne le fit jamais. Il se répandait en sarcasmes, quelquefois même en invectives trop exagérées pour être véritablement offensantes: mais on ne connaît aucun homme qu'il ait réellement persécuté, aucun dont il ait détruit où cherché à détruire la fortune. Ennemi, d'autant moins dangereux qu'il l'était à découvert, & que son extrême vivacité était connue, il n'eut jamais à se reprocher d'avoir fait le malheur de personne. Il fit, au contraire, beaucoup d'ingrats.

Si Racine, qui, à proprement parler, n'avait tenté qu'un genre de gloire, quoique, par la souplesse de son génie, il eût pu prétendre à tous les succès ; si ce Poëte enchanteur, à qui l'on ne pouvait reprocher ni les emportemens

de la fatyre, ni ce naturel trop ardent qui paraît tendre à fubjuguer les efprits plutôt qu'à
les éclairer, eut cependant des ennemis implacables, on conçoit que M. de Voltaire, le
rival, dans tous les genres, de tous les Écrivains de fon temps, devait avoir foulevé contre
lui d'autant plus de haine, qu'il n'eut pas, comme
Racine, la faibleffe de fe décourager. Cette vigueur de caractere, devenue pour fes ennemis
un nouveau motif d'acharnement, femblerait annoncer un homme heureux: mais toujours har-
celé, en fens contraire, ou par l'adulation, ou
par l'envie, accablé de gloire, & croyant n'en
avoir jamais affez, peut-être était-il plus véritablement à plaindre que ceux qu'il importu-
nait de l'éclat de fa vie. Elle fut un tiffu continuel d'agitations & d'orages; &, fi nous l'ofons
dire, un volcan toujours enflammé, & fe con-
fumant lui-même.

Cicéron, qu'il avait eu tant de plaifir à peindre dans *Rome fauvée*, Cicéron, faible comme
lui, & qui découvrait fi naïvement le defir qu'il
avait que Rome fût fans ceffe occupée de fa
gloire, nous paraît, par ce genre de faibleffe

même , l'homme avec qui M. de Voltaire avait le plus de rapports. Delà cette multitude d'éditions de ſes Œuvres qui ſe ſuccédaient avec tant de rapidité l'une à l'autre , & dans leſquelles il n'en exiſte aucune encore qui ſoit entiérement digne de lui (*). Delà cette ſenſibilité

(*) Nous n'en connaiſſons point où les matieres ne ſoient dans le plus grand déſordre , où l'on ne trouve , dans un volume , des vers déſavoués avec mépris par M. de Voltaire dans un autre volume ; des doubles emplois, des répétitions accablantes, des variantes d'un mauvais choix ſubſtituées à des leçons plus heureuſes, qui doivent être rétablies par un homme de goût. Nous inſiſtons ſur ces défauts d'ordre & de convenance , qui demandent un travail dont nous nous chargerions volontiers nous-mêmes, & pour lequel nous avons déja raſſemblé un grand nombre de matériaux. C'eſt un ſoin dont il nous ſerait permis, ſans aucune vanité , de nous croire plus capables que beaucoup de gens , par l'étude que nous avons faite , non-ſeulement du caractere & du génie de l'Auteur, mais de la plupart des éditions qui ont paru juſqu'ici. Au reſte , il eſt très-important pour la gloire de M. de Voltaire , qu'on ne tarde pas à s'en occuper. Il eſt plus digne qu'un autre d'un Commentaire fait avec goût ; & d'ailleurs il y a dans ſes ouvrages une foule d'alluſions à des choſes fugitives du temps ,

pour la critique, dont les piqûres les plus légeres lui caufaient de longs tourmens. Eh quoi!
lui difions-nous un jour, en faifant allufion à
quelques-uns de ces infectes littéraires, enorgueil-
lis du pouvoir qu'ils avaient de troubler fon
repos, une fourmi devrait-elle vous donner de
pareilles convulfions ? *Ce n'eft pas une fourmi,*
nous répondit-il, *c'eft une fourmilliere.*

Autant il était injufte envers lui-même, en paraiffant ainfi fe défier de fa réputation, autant
il recevait avec complaifance l'encens le moins
délicat & le moins flatteur. Sa reconnaiffance allait jufqu'à donner de grands éloges à des hommes très-médiocres : chofe néceffaire à remarquer ; car s'il était poffible que fa gloire, inaltérable d'ailleurs, fût compromife, ce ferait par
ces éloges.

qui demandent à être fixées par des notes, ou
qui deviendraient, à la longue, d'une obfcurité
impénétrable. Il y a même des traits d'une plai-
fanterie fine & légere, qui pourraient échapper
dans un âge un peu éloigné du nôtre. Nous fai-
fons cette remarque en faveur de ceux qui peuvent prendre un intérêt véritable, foit à la perfonne, foit aux ouvrages de M. de Voltaire.

Venons au feul reproche effentiel qu'on puiffe faire à fa mémoire, à celui où nous fommes forcés d'abandonner fa caufe ; mais en conciliant le refpect dû à la Religion, avec la jufte horreur que nous infpire la fuperftition & le fanatifme. M. de Voltaire, élevé, malheureufement, dans cet efprit qui caractérife l'époque de la régence ; efprit que lui-même a peint avec tant de graces dans ces vers :

> Voici le temps de l'aimable régence,
> Temps fortuné, marqué par la licence,
> Où la fólle, agitant fon grelot,
> D'un pié léger parcourt toute la France,
> Où nul mortel ne daigne être dévot,
> Où l'on fait tout, excepté pénitence.

M. de Voltaire, né dans ces principes, ou plutôt dans cette anarchie de principes, ayant d'ailleurs fixé fes premiers regards fur les temps affreux de la Ligue, & fur cette journée d'horreur qu'il a rendue à jamais exécrable dans fa *Henriade ;* ayant depuis parcouru, dans l'hiftoire, cette longue fuite d'attentats facrés qui ont affligé la terre, au nom d'un Dieu de paix, les Croisades contre les Sarrasins , celles contre les habitans de la Prusse & du Languedoc, les massacres de Mérindol & de Cabriere, ceux de la Saint-Barthelemi, ceux de l'Irlande, ceux des Vallées de Savoie, ceux de l'Inquisition , & cette multitude d'assassinats juridiques, d'emprisonnemens, d'exils , que Boileau lui-même, le discret Boileau, avait caractérisés avec tant de force dans une de ses Satyres (*) , qui n'est recomman-

(*) La Satyre sur l'*Équivoque* , où l'on trouve ces vers pleins d'énergie sur l'abus de l'Équivoque en matiere de Religion ; abus, dit l'Auteur :

Dont l'Église elle-même eut peine à se sauver.
Elle-même, deux fois, presque toute Arienne,
Sentit , chez soi, trembler la vérité chrétienne,
Lorsque, chez ses sujets, l'un contre l'autre armés,
Et sur un Dieu fait homme, au combat animés,
Tu fis, dans une guerre, & si triste & si longue ,
Périr tant de Chrétiens, martyrs d'une diphthongue.
. . . .
. . . .
L'Europe fut un champ de massacre & d'horreur :
Et l'orthodoxe même, aveugle en sa fureur,
De tes dogmes trompeurs nourrissant son idée,
Oublia la douceur aux Chrétiens commandée,
Et crût, pour venger Dieu de ses fiers ennemis,
Tout ce que Dieu défend légitime & permis.
Au signal tout-à-coup donné pour le carnage,
Dans les villes, par-tout, théatres de leur rage,

dable que par cette feule peinture : M. de Voltaire ayant enfin , foit comme hiftorien , foit comme poëte , promené fon imagination ardente & fenfible fur cette foule de profcriptions religieufes , s'abandonna au fentiment qui lui fit dire à Dieu , dans l'amertume de fon cœur :

Je ne fuis pas Chrétien , mais c'eft pour t'aimer mieux.

Il eut le malheur de ne pas diftinguer affez la Religion de l'Évangile , cette Religion de paix , de douceur & de clémence , de la Religion pervertie & dénaturée par les hommes. Il perdit de vue ce trophée qu'il a lui-même élevé au Chriftianifme dans les dernieres paroles de Gufman (*) , & tant de traits heureux répandus dans la *Henriade* , ou dans *Zaïre* , en faveur de cette même Reli-

---

Cent mille faux zélés , le fer en main , courans,
Allerent attaquer leurs amis, leurs parens,
Et, fans diftinction , dans tout fein hérétique ,
Pleins de joie, enfoncer un poignard catholique :
Car , quel lion , quel tigre égale en cruauté
Une injufte fureur qu'arme la piété !

(*) Voyez la derniere fcene du cinquieme acte d'*Alzire.*

gion. Il en devint l'un des plus redoutables adversaires par un excès de tolérance : ce qui prouve
combien on doit se défier de l'ombre des vertus
humaines. Mais enfin, sans vouloir pénétrer dans
les vues profondes de la Providence, qui peut tirer du scandale même un bien qui échappe d'a-
bord à nos faibles yeux, qui sait si, en suscitant
au Christianisme un pareil adversaire, Dieu n'a
pas voulu justifier, de la maniere la plus éclatante,
que les efforts humains ne prévaudraient jamais
contre son ouvrage ? M. de Voltaire lui-même, en
poursuivant sans cesse le monstre qu'il a si heureusement caractérisé dans ces vers :

Le fanatisme est son horrible nom :
Enfant dénaturé de la Religion,
Armé pour la défendre, il cherche à la détruire,
Et, reçu dans son sein, l'embrasse & le déchire,

n'a-t-il pas servi, sans le vouloir, cette Religion
sainte, qui n'a pas de plus dangereux ennemis ?
Et, dans les impénétrables jugemens de Dieu, ces
titres n'auraient-ils pas amené un moment de grace
& de clémence ? Qu'il nous est doux, du moins,
de nous former ces idées consolantes, & de pou-

voir tempérer ce que cet article a de sévere, en reconnaissant que si M. de Voltaire eut, en effet, le malheur de s'égarer dans la Foi, il n'abjura jamais ce dogme essentiel & fondamental d'un Dieu rémunérateur & vengeur ; qu'il en fut, au contraire, un des défenseurs les plus zélés, & qu'il rendit un hommage constant aux vérités de premiere révélation renfermées dans la loi naturelle.

Si nous n'avons pas dissimulé les faiblesses de cet écrivain célebre, qu'il nous soit permis, du moins, de le venger de la calomnie. On lui a reproché la légéreté, l'avarice, la méchanceté ; & personne, peut-être, n'a porté plus loin les vertus opposées.

Il a conservé pour ami, pendant plus de soixante ans, M le Comte d'Argental, homme digne de toute son amitié, & avec qui ses premieres liaisons avaient commencé dès le College. Son attachement à M. le Maréchal de Richelieu n'a pas été moins constant, & remonte, à-peu-près, à une époque aussi ancienne. Il a conservé de même presque tous ses autres amis ; & s'il eut le malheur d'en perdre quelques-uns, on peut assurer que les premiers torts ne furent jamais de son côté.

Ses actes de bienfaisance sont innombrables. On sait ce qu'il a fait pour les Calas, les Sirven, les Montbailly, &c. &c., & ce qu'il a tenté pour les malheureux flétris par un jugement d'Abbeville ; ses efforts pour justifier la mémoire de M. de Lally, & tous les infortunés qu'il a secourus de son éloquence, de son crédit, ou de sa fortune. Il a exercé des actes d'humanité moins brillans ; mais qui, peut-être, ne caractérisent que mieux l'esprit de bienfaisance dont il était animé. De malheureux paysans de sa terre, ruinés par un procès qu'ils avaient perdu, se présenterent à lui, fondant en larmes, & implorant ses bontés. Il voulut voir leurs papiers, les remit à un avocat célebre pour les examiner, & dit à ces infortunés de revenir. L'arrêt qui les avait condamnés était irréprochable par le fond & par la forme. Cette fatale lumiere, en leur ôtant toute espérance, sembla les accabler d'un nouveau malheur. L'objet de leur perte se montait à mille écus, somme exorbitante pour de pauvres cultivateurs, chargés d'une famille nombreuse. M. de Voltaire ne put tenir à ce spectacle de douleur ; il passa dans son cabinet, leur

apporta

apporta cette fomme , en les remerciant de l'occafion qu'ils lui avaient procurée de leur donner ce fecours , qui ne fut pas le dernier qu'il
répandit fur eux. Ce trait eft confacré par un
médaillon que nous avons vu chez M. le Comte
d'Argental.

Souvent il allait au-devant des malheureux ;
il les prévenait par fes bontés , en leur épargnant
l'embarras de la demande. S'ils étaient dans le
cas de ne point recevoir à titre de don , il leur
prêtait fans vouloir aucun intérêt , & même en
les difpenfant de la reconnaiffance.

Ce n'était pas des fommes légeres qu'il ha-
fardait ainfi. Un Gentilhomme des environs de
Geneve , décoré dans le fervice , nous a dit à
nous-mêmes que M. de Voltaire lui avait prêté ,
de la maniere la plus noble , une fomme de trente
mille livres , dans un temps où il paraiffait peu
vraifemblable que cet officier fût jamais à portée de s'acquitter. A l'égard des perfonnes à qui
leur fituation ne permettait pas de rendre , il
les fecourait par des libéralités entieres & abfo-
lues. Plufieurs de ces bienfaits ont paffé par les
mains de M. d'Argental. Il eft quelques Gens

D

de Lettres qui en ont reçu de confidérables. On n'attendait pas d'eux qu'ils les publiaffent, on fouhaitait feulement qu'ils paruffent ne les pas oublier.

Il ne tira d'autre vengeance d'un homme qui avait paffé une partie de fa vie à le calomnier, qui était tombé dans l'indigence, & qui lui offrait de rétracter fes calomnies par un acte public, que de refufer la rétractation, & d'envoyer à ce malheureux un préfent de cinquante louis.

Les richeffes qui le mettaient à portée de fe procurer des jouiffances fi douces, il les avait acquifes par les voies les plus légitimes, par le commerce de Cadix, & par un intérêt confidérable que M. du Verney lui avait donné dans les vivres, & dont il avoit fait les fonds.

On a cru long-temps que fes ouvrages lui avaient rapporté des produits immenfes : mais les regiftres des Comédiens feront foi qu'à l'exception de fes premieres Tragédies, dont il avait tiré quelques émolumens, il n'a jamais reçu la part d'auteur qu'il était en droit d'exiger. Plufieurs Libraires, Meffieurs Cramer de Geneve, entr'autres, fe font fait un devoir de publier qu'ils lui avaient l'entiere obligation de leur fortune, fans qu'il ait accepté d'eux la plus légere ré-tribution.

On fait avec quel généreux empreſſement il faiſit l'occaſion de ſervir de pere à la petite niece du grand Corneille, qui lui dut, à la fois, ſon éducation & ſon établiſſement. Un Homme de Lettres, digne de concourir à cette belle ac-tion par l'élévation de ſon ame, & de la pro-poſer à M. de Voltaire avec la noble confiance du génie, M. le Brun, Secrétaire des Comman-demens de feu Mgr. le Prince de Conti, eut, comme nous l'avons dit ailleurs, le courage de ſommer M. de Voltaire, au nom de ſa gloire, de devenir le bienfaiteur de Mademoiſelle Cor-neille : il était bien ſûr que ſa confiance ne fe-rait point trompée (*).

Mais rien ne caractériſe mieux ce ſentiment de bonté, toujours actif dans M. de Voltaire, que les tendres ſoins qu'il prit, ſur la fin de ſa vie, de la jeuneſſe de Mademoiſelle de Va-

______

(*) Il fit cette *ſommation*, par une belle Ode qui ſe trouve dans les *Mémoires & Anecdotes pour ſervir à l'hiſtoire de Voltaire*, 1 vol. in-8°.

ricourt, aujourd'hui Madame la Marquise de Villette, qui n'avait auprès de lui d'autre recommandation que sa naissance, son ingénuité & ses graces.

M. de Voltaire fut payé de ses soins par une reconnaissance vraiment filiale. Nous en avons vu les marques les plus touchantes trois mois après la mort de ce grand homme, que Madame la Marquise de Villette semblait encore appeller par ses regrets, & dont elle ne pouvait prononcer le nom sans verser des larmes, & sans exciter les nôtres. Avec quelle douce émotion, elle se rappellait ses soins tendres & paternels; les jeux de son enfance autour de ce vieillard, devenu auguste pour elle, par cette bonhommie de l'ame & du vrai génie, avec laquelle il daignait se prêter lui-même à ses jeux!

M. de Voltaire ayant chez lui, à Ferney, M. le Marquis de Villette, dont il avait toujours aimé & encouragé l'esprit, s'apperçut avec complaisance de ses assiduités auprès de sa jeune pupille; & un jour, en présence de M. le Marquis de Ville-vieille, il lui proposa cinquante mille écus pour la dot de Mademoiselle de Va-

ricourt. " Je fuis fûr, lui difait-il, que Ma-
" dame Denis, ma niece, fera de mon avis ;
" car elle regarde *Belle & Bonne* (*) comme fa
" fille. Quant à mes autres parens, j'ai une bonne
" fucceffion à leur laiffer, & vous conviendrez
" qu'ils n'ont pas long-temps à attendre ". M.
le Marquis de Villette ne voulut jamais con-
fentir à cette générofité. Il n'eft donc pas vrai,
comme on l'avait dit dans le Journal de Paris,
que M. de Voltaire ait doté Mademoifelle de
Varicourt : mais, après avoir préfidé à fon
mariage, il voulut l'accompagner à Paris ; il
voulut revoir cette Ville, dont il avait fait fi
long-temps les délices, & vers laquelle il fe fentait rappellé par cet amour de la patrie, qui
ne s'éteint jamais dans une ame fenfible.

Nous avons nous-mêmes confacré ailleurs la
maniere dont il y fut accueilli, les fentimens
de vénération & de tendreffe qu'il lifait dans tous
les yeux, l'hommage public enfin qui lui fut

(*) C'eft le nom d'amitié que M. de Voltaire
avait donné à Mademoifelle de Varicourt ; nom
qui eft devenu familier à tous ceux qui ont l'a-
vantage de la connaître.

rendu par tous les ordres de la nation. Tout ce
qui avait avec lui des droits communs à la gloire,
Français, étrangers, se firent un devoir de se
faire préſenter chez lui. Le célebre Franklin,
ce vengeur de l'Amérique, voulut, non-ſeulement le voir, mais ménager à ſon petit-fils,
encore enfant, le plaiſir de ſe rappeller un jour
qu'il avait vu la merveille de l'Europe , & de
pouvoir dire, comme Ovide : *Virgilium vidi.*

Cependant, au milieu de cette gloire, hélas !
trop courte, & ſuivie bientôt des plus cruels
regrets, Madame la Marquiſe de Villette était
toujours préſente à ſon cœur. Pendant ſa derniere maladie, occaſionnée, comme on le ſait,
non par la nature, qui ſemblait reſpecter encore un de ſes plus rares ouvrages, mais par
une doſe forcée d'opium, qu'il avait eu le malheur de prendre indiſcrettement, il ne ceſſait
de demander à Madame la Marquiſe de Villette,
un Notaire, dans l'intention, ſans doute, de
lui laiſſer des marques de ſon ſouvenir, auſſi-
bien qu'à pluſieurs de ſes amis : mais trop attendrie pour s'occuper d'elle-même, trop noble
pour penſer à de nouveaux bienfaits après ceux

qu'elle avait reçus , elle ne manqua envers lui
que de cette complaisance. Cependant, la mort ,
qui éteignait par degrés M. de Voltaire, n'a-
vait pu éteindre encore sa sensibilité. Il voulut écrire , & les derniers mots que traça sa main mourante ,
furent une lettre à son ami M. d'Alembert ,
dans laquelle il lui disait , que n'ayant plus
que quelques momens à vivre, il lui recom-
mandait Madame la Marquise de Villette. Il
n'eut pas la force d'en écrire davantage ; il perdit la connaissance & le sentiment , & il expira
le 30 Mai 1778.

A cette nouvelle , le plus morne silence suc-
céda tout-à-coup à ces acclamations triom-
phales que la nation lui avait prodiguées tant
de fois dans les derniers momens de sa vie ; &
ce silence exprimait, de la maniere la plus
énergique , ce sentiment de consternation profonde qui accompagne toujours les pertes irré-
parables.

Depuis quelques jours, l'idée de sa mort pro-
chaine l'occupait sans cesse. Jamais il ne fut
atteint de plus de mélancolie, qu'en revenant
de chez Madame la Marquise de G***, dont

D 4

il avait été l'ami dans sa premiere jeuneffe , lorfqu'elle était Mademoifelle de L**. " Je viens,
" dit-il, d'un bord du Styx à l'autre ; je ne
" me fuis jamais trouvé fi vieux qu'aujourd'hui. "
C'était pour Mademoifelle de L** qu'il avait
fait l'Épître fi connue *des Tu & des Vous.*

    Peu de temps avant fa maladie, il vint voir
à table M. le Marquis de Villette, & après quelques momens du recueillement le plus fombre,
il lui dit : " Vous êtes comme ces Rois d'Égypte ,
" qui , en mangeant, avaient une tête de mort
" devant eux. "

    Il difait, fur fon arrivée à Paris : " Je fuis
" venu chercher la gloire & la mort. "

    Il répondit à un Artifte, qui lui préfentait le
tableau de fon triomphe : " C'eft mon tom-
" beau qu'il me faut, & non pas mon triomphe. "

    On demande quelquefois fi M. de Voltaire
perdra dans la génération à venir quelque chofe
de fa renommée. Nous ofons croire qu'elle ne
fera que s'accroître, lorfque nous confidérons
l'influence qu'il a eue fur fon fiecle, dont on ne
trouvera , nulle part, une peinture plus fidelle
que dans fes ouvrages. Si l'on penfe que pendant

les trois générations où il a vécu, il ne s'eſt paſſé aucun événement intéreſſant, ſoit particulier, ſoit public, qu'il n'ait célébré comme poëte, ou comme hiſtorien, & auquel il n'ait attaché, pour ainſi dire, le ſceau de ſa gloire; on pourra ſe faire une idée de la curioſité, plus avide encore que la nôtre, avec laquelle il ſera conſulté par nos deſcendans.

Cet éloge de l'homme le plus univerſel qui ait exiſté dans les Lettres, à qui l'on pourra diſputer plus ou moins de gloire, mais à qui l'on ne conteſtera jamais la qualité d'homme unique, aura l'avantage de précéder celui que l'Europe attend avec impatience du Roi de Pruſſe (*), & qui deviendra encore une des plus brillantes ſingularités de la deſtinée de M. de Voltaire. Puiſſe ce grand Prince, tant de fois célébré, & ſi digne de l'être par ce grand Poëte, trouver dans le faible hommage que nous venons de lui rendre, ce caractere de franchiſe, d'impartialité & de courage que devait nous inſpirer le tendre attachement que nous avons eu pour lui pendant ſa vie, & que nous conſervons à ſa mémoire.

____

(*) Cet Éloge eſt imprimé.

NOTES

ET PIECES JUSTIFICATIVES

DE L'ÉLOGE.

(1) M. DE VOLTAIRE, très-jeune encore, avait été honoré d'un accueil plein de graces & de bonté par le Duc LÉOPOLD, aïeul de la Reine, le même dont il a fait un si bel éloge dans son *Siecle de Louis XIV*. Il avait présenté à ce Prince & à Madame la Duchesse de Lorraine sa Tragédie d'*Œdipe*, avec ces vers (*), que nous ne nous rappellons pas d'avoir vus dans aucun Recueil.

O vous de vos sujets l'exemple & les délices,
Vous qui régnez sur eux, en les comblant de biens,
De mes faibles talens acceptez les prémices :
C'est aux Dieux qu'ou les doit, & vous êtes les
    miens.

Depuis, il avait été accueilli d'une maniere plus distinguée encore par la Reine d'Angléterre,

____

(*) L'Auteur les tient de son pere, qui avait eu l'honneur d'être du Conseil du Duc Léopold.

à qui il dédia la belle édition de la *Henriade*, faite à Londres en 1726.

Enfin, il a eu l'honneur d'être en correspondance avec le feu Roi STANISLAS, Duc de Lorraine, avec le Pape BENOÎT XIV, avec l'Impératrice de Ruffie, les Rois de Pologne, de Suede, de Danemarck, & principalement avec le Roi de Pruffe, & Madame la Margrave de Bareith, fa fœur. Non-feulement, il en reçut les plus grandes marques de bonté, mais il fut admis à leur familiarité la plus intime, comme on peut en juger par ces lettres, non moins honorables pour les Souverains qui les ont écrites, que pour M. de Voltaire lui-même, & qui deviennent pour la littérature entiere un des plus précieux monumens de notre fiecle. C'eft à ces titres que nous nous permettons de les dépofer ici.

Lettre du Roi de Pruffe à M. de Voltaire.

» J'ai vu la lettre que votre niece vous écrit
» de Paris. L'amitié qu'elle a pour vous lui attire
» mon eftime. Si j'étais Madame Denis, je pen-
» ferais de même; mais étant ce que je fuis, je
» penfe autrement. Je ferais au défefpoir d'être
» caufe du malheur de mon ennemi; & comment
» pourrais-je vouloir l'infortune d'un homme
» que j'eftime, que j'aime; & qui me facrifie fa
» patrie & tout ce que l'humanité a de plus cher?
» Non, mon cher Voltaire; fi je pouvais prévoir
» que votre tranfplantation pût tourner le moins
» du monde à votre défavantage, je ferais le pre-
» mier à vous en diffuader. Oui, je préférerais

D 6

» votre bonheur au plaifir extrême que j'ai de
» vous avoir. Mais vous êtes philofophe ; je le
» fuis de même : qu'y a-t-il de plus naturel, de
» plus fimple & de plus dans l'ordre, que des
» philofophes faits pour vivre enfemble, réunis
» par la même étude, par le même goût, & par
» une façon de penfer femblable, fe donnent
» cette fatisfaction ? Je vous refpecte comme
» mon maître en éloquence & en favoir ; je vous
» aime comme un ami vertueux. Quel efclavage,
» quel malheur, quel changement, quelle in-
» conftance de fortune y a-t-il à craindre dans un
» pays où l'on vous eftime autant que dans votre
» patrie, & chez un ami qui a un cœur recon-
» naiffant ? Je n'ai point la folle préfomption de
» croire que Berlin vaut Paris. Si les richeffes,
» la grandeur & la magnificence font une Ville
» aimable, nous le cédons à Paris. Si le bon goût,
» peut-être plus généralement répandu, fe trouve
» dans un endroit du monde, je fais, & j'en con-
» viens, que c'eft à Paris. Mais vous, ne portez-
» vous pas ce goût par-tout où vous êtes ? Nous
» avons des organes qui nous fuffifent pour vous
» applaudir ; & en fait de fentimens, nous ne le
» cédons à aucun pays du monde. J'ai refpecté
» l'amitié qui vous liait à Madame du Châtelet ;
» mais après elle, j'étais un de vos plus anciens
» amis. Quoi ! parce que vous vous retirez dans
» ma maifon, il fera dit que cette maifon de-
» vient une prifon pour vous ! Quoi ! parce que
» je fuis votre ami, je ferai votre tyran ! Je vous
» avoue que je n'entends pas cette logique-là ;
» que je fuis fermement perfuadé que vous ferez

» heureux ici tant que je vivrai ; que vous ferez re-
» gardé comme le pere des Lettres & des gens de
» goût , & que vous trouverez en moi toutes les
» confolations qu'un homme de votre mérite peut
» attendre de quelqu'un qui l'eftime. Bon foir.
» FRÉDÉRIC. »

Autre Lettre (*) *du même Prince à M. d'A-*
lembert , à l'occafion de la Statue érigée
par foufcription à M. de Voltaire , en 1770 ,
& pour laquelle le Roi de Pruffe voulut
être des premiers à foufcrire.

» Le plus beau monument de Voltaire eft ce-
» lui qu'il érige lui - même , fes ouvrages ; ils
» fubfifteront plus long-temps que la Bafilique de
» Saint-Pierre , le Louvre , & tous ces bâtimens
» que la vanité confacre à l'éternité. On ne par-
» lera plus français , que Voltaire fera encore
» traduit dans la langue qui lui aura fuccédé.
» Cependant , rempli du plaifir que m'ont fait
» fes productions fi variées , & chacune fi par-
» faite en leur genre , je ne pourrais , fans in-
» gratitude , me refufer à la propofition que vous
» me faites de contribuer au monument que lui
» éleve la reconnaiffance publique. Vous n'avez
» qu'à m'informer de ce qu'on exige de ma part ;
» je ne refuferai rien pour cette ftatue , plus glo-
» rieufe pour les Gens de Lettres qui la lui confa-

* Cette Lettre eft confignée dans les archives
de l'Académie.

» crent, que pour Voltaire même. On dira que
» dans ce dix-huitieme siecle, où tant de Gens
» de Lettres se déchirent par envie, il s'en est
» trouvé d'assez nobles, d'assez généreux pour
» rendre justice à un homme doué de génie &
» de talens supérieurs à tous les siecles ; que nous
» avons mérité de posséder Voltaire, & la posté-
» rité la plus reculée nous enviera encore cet
» avantage. Distinguer les hommes célebres,
» rendre justice au mérite, c'est encourager les
» talens & la vertu. C'est la seule récompense
» des belles ames ; elle est bien due à tous ceux
» qui cultivent supérieurement les Lettres. Elles
» procurent les plaisirs de l'esprit, plus durables
» que ceux du corps ; elles adoucissent les mœurs
» les plus féroces ; elles répandent leurs char-
» mes sur tout le cours de la vie ; elles rendent
» notre existence supportable, & la mort moins
» affreuse. Continuez donc, Messieurs, de pro-
» téger & de célébrer ceux qui s'y appliquent,
» & qui ont le bonheur en France d'y réussir.
» Ce sera ce que vous pourrez faire de plus
» glorieux pour votre nation. FRÉDERIC. »

Lettre de son Altesse Royale Madame la
Princesse de Bareith, à M. de Voltaire.

» VOTRE lettre m'a sensiblement touchée ;
» celle que vous m'avez adressée pour le Roi, a
» fait le même effet sur lui. J'espere que vous se-
» rez satisfait de sa réponse, pour ce qui vous
» concerne. Mais vous le serez aussi peu que moi
» de ses résolutions. Je m'étais flattée que vos

» réflexions feraient quelque impreſſion ſur ſon
» eſprit. Vous verrez le contraire dans le billet
» ci-joint. Il ne me reſte qu'à ſuivre ſa deſtinée,
» ſi elle eſt malheureuſe. Je ne me ſuis jamais
» piquée d'être philoſophe. J'ai fait mes efforts
» pour le devenir. Le peu de progrès que j'ai fait
» m'a appris à mépriſer les grandeurs & les ri-
» cheſſes ; mais je n'ai rien trouvé dans la philo-
» ſophie, qui puiſſe guérir les plaies du cœur,
» que le moyen de s'affranchir de ces maux, en
» ceſſant de vivre. L'état où je ſuis eſt pire que
» la mort. Je vois le plus grand homme du ſiecle,
» mon frere, mon ami, réduit à la plus affreuſe
» extrémité. Je vois ma famille entiere expo-
» ſée aux dangers & aux périls ; ma patrie dé-
» chirée par d'impitoyables ennemis ; le pays
» où je ſuis, peut-être menacé de pareils mal-
» heurs. Plût au ciel que je fuſſe chargée toute
» ſeule des maux que je viens de vous décrire !
» Je les ſouffrirais, & avec fermeté.

    » Pardonnez-moi ce détail. Vous m'engagez,
» par la part que vous prenez à ce qui me regarde,
» de vous ouvrir mon cœur. Hélas ! l'eſpoir en
» eſt preſque banni. La fortune, lorſqu'elle
» change, eſt auſſi conſtante dans ſes perſécu-
» tions que dans ſes faveurs. L'hiſtoire eſt pleine
» de ces exemples ; mais je n'y en ai point trouvé
» de pareils à celui que nous voyons, ni une
» guerre auſſi inhumaine & cruelle parmi des
» peuples policés. Vous gémiriez, ſi vous ſaviez
» la triſte ſituation de l'Allemagne & de la Pruſſe.
» Les cruautés que les Ruſſes commettent dans
» cette derniere, font frémir la nature. Que vous-

„ êtes heureux dans votre hermitage, où vous
„ vous reposez sur vos lauriers, & où vous pou-
„ vez philosopher de sang-froid sur l'égarement
„ des hommes ! Je vous y souhaite tout le
„ bonheur imaginable. Si la fortune nous favo-
„ rise encore, comptez sur toute ma reconnais-
„ sance. Je n'oublierai jamais les marques d'at-
„ tachement que vous m'avez données ; ma sensi-
„ bilité vous en est un garant. Je ne suis jamais
„ amie à demi, & je le serai toujours véritable-
„ ment de. Frere. Voltaire.

WILHELMINE.

„ Bien des complimens à Madame Denis ; con-
„ tinuez, je vous prie, d'écrire au Roi. „

Quel est l'Homme de Lettres, vraiment digne
de ce nom, qui, en lisant ce que nous venons
de transcrire, ne s'enorgueillira pas d'être né dans
un siecle où l'on a vu de pareils Souverains !
Qu'il nous soit permis de répéter ici ce que nous
avons dit ailleurs, à l'occasion de cette même
lettre. Combien ce style ne doit-il pas confondre le sot orgueil de ces petits importans, de
ces personnages de la veille, qui, dans l'ivresse
d'un moment de faveur, osent se méconnaître assez pour écrire avec morgue à des gens qui ont
au moins sur eux la prééminence du génie, & qui
même, sous d'autres rapports, voudraient à peine
les reconnaître pour leurs égaux ! Il n'est guere
d'homme du premier mérite qui n'ait été exposé
quelquefois à recevoir de ces lettres d'une familiarité arrogante, & qui n'en ait souri d'indig-

nation ou de pitié. Mais il faut convenir que cette baſſeſſe, déguiſée ſous le nom de morgue, eſt inconnue aux véritables Grands. Ce n'eſt ordinairement que par l'excès de leur politeſſe, qu'ils ſemblent avertir des égards qui leur ſont dûs; & ce genre d'orgueil eſt bien ſupérieur à la petite vanité bourgeoiſe.

(2) Si quelque choſe, dans l'antiquité, peut être comparable aux lettres qu'on vient de lire, c'eſt, ſans doute celle que Philippe de Macédoine écrivit à Ariſtote, en lui apprenant la naiſſance d'Alexandre.

„ Je vous apprends que j'ai un fils. Je rends „ graces aux Dieux, non pas tant de me l'a- „ voir donné, que de me l'avoir donné du temps „ d'Ariſtote. J'ai lieu de me promettre que vous „ en ferez un ſucceſſeur digne de nous, & un „ Roi digne de la Macédoine. „

(3) Nous n'avons entendu qu'une fois cette Tragédie d'*Irene*, donnée par l'Auteur à l'âge de quatre-vingt-quatre ans. Cette Piece nous a paru très-ſupérieure à quelques-unes des dernieres Tragédies de M. de Voltaire. Nous y avons trouvé des momens d'intérêt, & des vers dignes de ſon meilleur temps : mais ce que nous avons remarqué, avec le plus d'étonnement, c'eſt le caractere plein de feu d'Alexis Comnene, & le contraſte heureux que fait avec ce caractere bouillant le perſonnage de Léonce, Pere d'Irene, perſonnage d'un ſtoïciſme inflexible & tranquille, contre lequel l'impétuoſité d'Alexis vient toujours ſe briſer.

(4) Que ceux qui ont accusé M. de Voltaire de jalousie, jettent les yeux sur cette magnifique analyse qu'il a donnée de la Tragédie d'*Iphigénie*.

„ Quelle Pièce, dit-il, pourrions-nous pro-
„ poser à l'Europe, qui réunit tous ces avanta-
„ ges?... Ne serait-ce point l'*Iphigénie en*
„ *Aulide?* Dès le premier vers, je me sens
„ intéressé & attendri ; ma curiosité est excitée
„ par les seuls vers que prononce un simple of-
„ ficier d'Agamemnon ; vers harmonieux, vers
„ charmans, vers tels qu'aucun Poëte n'en fai-
„ sait alors.

A peine un faible jour vous éclaire & vous guide;
Vos yeux seuls, & les miens sont ouverts en
      Aulide.
Auriez-vous, dans les airs, entendu quelque bruit?
Les vents vous auraient-ils exaucé cette nuit?
Mais tout dort, & l'armée, & les vents, &
      Neptune.

„ Agamemnon, plongé dans la douleur, ne
„ répond point à Arcas, ne l'entend point ; il se
„ dit à lui-même en soupirant :

Heureux qui, satisfait de son humble fortune,
Libre du joug superbe où je suis attaché,
Vit dans l'état obscur où les Dieux l'ont caché.

„ Quels sentimens ! Quels vers heureux ! Quelle
„ voix de la nature !.....
„ Est-il un homme de bon sens & d'un cœur
„ sensible, qui n'écoute le récit d'Agamemnon

„ avec un transport mêlé de pitié & de crainte,
„ & qui ne sente les vers de Racine pénétrer
„ jusqu'au fond de son ame ? L'intérêt, l'inquié-
„ tude, l'embarras augmentent dès la troisieme
„ scene, quand Agamemnon se trouve entre
„ Achille & Ulysse.

„ La crainte, cette ame de la Tragédie, re-
„ double encore à la scene qui suit. C'est Ulysse
„ qui veut persuader Agamemnon, & immoler
„ Iphigénie à l'intérêt de la Grece. Ce person-
„ nage d'Ulysse est odieux ; mais, par un art ad-
„ mirable, Racine sait le rendre intéressant.

Je suis pere, Seigneur, & faible comme un autre,
Mon cœur se met, sans peine, à la place du vôtre ;
Et frémissant du coup qui vous fait soupirer,
Loin de blâmer vos pleurs, je suis prêt de pleurer.

„ Dès ce premier acte, Iphigénie est condamnée
„ à mort ; Iphigénie, qui se flatte avec tant de
„ raison d'épouser Achille : elle va être sacrifiée
„ sur le même Autel où elle doit donner la
„ main à son Amant.

Nubendi tempore in ipso :
Tantûm Relligio potuit suadere malorum !

SECOND ACTE D'IPHIGÉNIE.

„ C'est avec une adresse bien digne de lui,
„ que Racine, au second acte, fait paraître Éri-
„ phile, avant qu'on ait vu Iphigénie. Si l'a-
„ mante aimée d'Achille s'était montrée la pre-
„ miere, on ne pourrait souffrir Ériphile si

„ rivale. Ce perſonnage eſt abſolument néceſſaire
„ à la Piece, puiſqu'il en fait le dénoûment ;
„ il en fait même le nœud : c'eſt elle, qui,
„ ſans le ſavoir, inſpire des ſoupçons cruels à
„ Clitemneſtre, & une juſte jalouſie à Iphigé-
„ nie ; & par un art encore plus admirable,
„ l'auteur fait intéreſſer pour cette Ériphile
„ elle-même. Elle a toujours été malheureuſe ;
„ elle ignore ſes parens ; elle a été priſe dans
„ ſa patrie miſe en cendre : un oracle funeſte
„ la trouble ; & pour comble de maux, elle a
„ une paſſion involontaire pour ce même Achille
„ dont elle eſt captive :.

Dans les cruelles mains, par qui je fus ravie,
Je demeurai long-temps ſans lumiere & ſans vie.
Enfin mes faibles yeux chercherent la clarté ;
Et me voyant preſſer d'un bras enſanglanté ,
Je frémiſſais, Doris, & d'un vainqueur ſauvage
Craignais de rencontrer l'effroyable viſage ;
J'entrai dans ſon vaiſſeau , déteſtant ſa fureur,
Et toujours détournant ma vue avec horreur.
Je le vis : ſon aſpect n'avait rien de farouche ;
Je ſentis le reproche expirer dans ma bouche ;
Je ſentis contre moi mon cœur ſe déclarer :
J'oubliai ma colere , & ne fus que pleurer.

„ Il le faut avouer ; on ne faiſait point de
„ tels vers avant Racine. Non-ſeulement, per-
„ ſonne ne ſavait la route du cœur, mais pref-
„ que perſonne ne ſavait la fineſſe de la verſi-
„ fication, cet art de rompre la meſure : *Je le*
„ *vis ; ſon aſpect n'avait rien de farouche :*

„ perſonne ne connaiſſait cet heureux mélange
„ de ſyllabes longues & breves, & de conſon-
„ nes, ſuivies de voyelles, qui font couler un
„ vers avec tant de molleſſe, & qui le font
„ entrer dans une oreille ſenſible & juſte avec
„ tant de plaiſir.

„ Quel tendre & prodigieux effet cauſe enſuite
„ l'arrivée d'Iphigénie ! Elle vole après ſon pere,
„ aux yeux d'Ériphile même, de ſon pere, qui a
„ pris enfin la réſolution de la ſacrifier ; chaque
„ mot de cette ſcene tourne le poignard dans
„ le cœur.... Tout eſt noble, mais d'une ſimpli-
„ cité attendriſſante, & la ſcene finit par ces
„ mots terribles : *Vous y ſerez, ma fille ;* ſen-
„ tence de mort, après laquelle il ne faut plus
„ rien dire.

„ On prétend que ce mot déchirant eſt dans
„ Euripide : on le répete ſans ceſſe. Non, il n'y
„ eſt pas. Il faut ſe défaire enfin, dans un ſiecle
„ tel que le nôtre, de cette maligne opiniâtreté à
„ faire valoir toujours l'ancien Théatre des Grecs
„ aux dépens du Théatre Français. Voici ce qui
„ eſt dans Euripide.

IPHIGÉNIE.

Mon pere, me ferez-vous habiter dans un autre
ſéjour (ce qui veut dire, me marierez-vous ailleurs) ?

AGAMEMNON.

Laiſſez cela ; il ne convient pas à une fille de
ſavoir ces choſes.

IPHIGÉNIE.

Mon pere, revenez au plutôt, après avoir
achevé votre entrepriſe.

AGAMEMNON.

Il faut auparavant que je fasse un sacrifice.

IPHIGÉNIE.

Mais, c'est un soin dont les Prêtres doivent se charger.

AGAMEMNON.

Vous le saurez, puisque vous serez tout auprès, au lavoir.

IPHIGÉNIE.

Ferons-nous, mon pere, un chœur autour de l'autel ?

AGAMEMNON.

Je te crois plus heureuse que moi : mais à présent cela ne t'importe pas ; donne-moi un baiser triste, & ta main, puisque tu dois être si long-temps absente de ton pere. O quelle gorge ! quelles joues ! quels blonds cheveux ! Que de douleur la Ville des Phrygiens & Hélene me causent ! Je ne veux plus parler , car je pleure trop en t'embrassant. Et vous, fille de Léda , excusez-moi, si l'amour paternel m'attendrit trop, quand je dois donner ma fille à Achille.

,, Ensuite Agamemnon instruit Clitemnestre de
,, la généalogie d'Achille, & Clitemnestre lui
,, demande si les noces de Pelée & de Thétis se
,, firent au fond de la mer.

,, Brumoy a déguisé, autant qu'il l'a pu, ce
,, Dialogue, comme il a falsifié presque toutes les
,, Pieces qu'il a traduites. Mais rendons justice à
,, la vérité, & jugeons si ce morceau d'Euripide
,, approche de celui de Racine.

Verra-t-on à l'autel votre heureuse famille ?

A G A M E M N O N.
Hélas!

I P H I G É N I E.
Vous vous taifez!

A G A M E M N O N.
Vous y ferez, ma fille.

„ Comment peut-il fe faire qu'après cet arrêt
„ de mort qu'Iphigénie ne comprend point, mais
„ que le fpectateur entend avec tant d'émotion,
„ il y ait encore des fcenes touchantes dans le
„ même acte, & même des coups de Théatre
„ frappans? C'eft-là, felon moi, le comble de
„ la perfection. „

ACTE TROISIEME.

„ Après des incidens naturels bien préparés, &
„ qui tous concourent à redoubler le nœud de la
„ Piece, Clitemneftre, Iphigénie, Achille, at-
„ tendent dans la joie le moment du mariage.
„ Ériphile eft préfente, & le contrafte de fa dou-
„ leur avec l'allégreffe de la mere & des deux
„ amans, ajoute à la beauté de la fituation. Ar-
„ cas paraît de la part d'Agamemnon; il vient
„ dire que tout eft prêt pour célébrer ce mariage
„ fortuné. Mais, mais, quel coup! quel moment
„ épouvantable!

Il l'attend à l'autel... pour la facrifier...

„ Achille, Clitemneftre, Iphigénie, Ériphile,
„ expriment alors en un feul vers tous leurs fenti-
„ mens différens, & Clitemneftre tombe aux ge-
„ noux d'Achille.

Oubliez une gloire importune ;
Ce triste abaissement convient à ma fortune.

. . . .

C'est vous que nous cherchions sur ce funeste
    bord ;
Et votre nom, Seigneur, la conduit à la mort.
Ira-t-elle des Dieux, implorant la justice,
Embrasser les autels parés pour son supplice !
Elle n'a que vous seul ; vous êtes en ces lieux
Son pere, son époux, son asyle, ses Dieux.

,, O véritable Tragédie ! Beauté de tous les
,, temps & de toutes les nations ! Malheur aux
,, barbares qui ne sentiraient pas jusqu'au fond du
,, cœur ce prodigieux mérite !
    ,, Je sais que l'idée de cette situation est dans
,, Euripide ; mais elle y est comme le marbre est
,, dans la carriere, & c'est Racine qui a construit
,, le Palais.
    ,, Une chose assez extraordinaire, mais bien
,, digne des Commentateurs, toujours un peu en-
,, nemis de leur patrie, c'est que le Jésuite Bru-
,, moy, dans son Discours sur le Théatre des
,, Grecs, fait cette critique : *Supposons qu'Euri-*
,, *pide vint de l'autre monde, & qu'il assistât*
,, *à la représentation de l'Iphigénie de Ra-*
,, *cine, ne serait-il point révolté de voir. Cli-*
,, *temnestre aux pieds d'Achille, qui la re-*
,, *leve, & de mille autres choses, soit par*
,, *rapport à nos usages, qui nous paraissent*
,, *plus polis que ceux de l'antiquité, soit par*
,, *rapport aux bienséances, &c. ?*
    ,, Remarquez, lecteurs, avec attention, que

Clitem-

» Clitemnestre se jette aux genoux d'Achille dans
» Euripide , & que même il n'est point dit qu'A-
» chille la releve.

» A l'égard de *mille autres choses, par rap-*
» *port à nos usages*, Euripide se serait conformé
» aux usages de la France, & Racine à ceux
» de la Grece….. »

ACTE QUATRIEME.

» Comme dans cette Tragédie, l'intérêt s'é-
» chauffe toujours de scene en scene, que tout
» y marche de perfections en perfections, la
» grande scene entre Agamemnon, Clitemnestre
» & Iphigénie, est encore supérieure à tout ce
» que nous avons vu. Rien ne fait jamais au
» Théatre un plus grand effet que des person-
» nages qui renferment d'abord leur douleur dans
» le fond de leur ame , & qui laissent ensuite
» éclater tous les sentimens qui les déchirent.
» On est partagé entre la pitié & l'horreur :
» c'est d'un côté Agamemnon accablé lui-même
» de tristesse, qui vient demander sa fille, pour
» la mener à l'autel, sous prétexte de la re-
» mettre au héros à qui elle est promise; c'est
» Clitemnestre qui lui répond d'une voix en-
» trecoupée :

S'il faut partir , ma fille est toute prête :
Mais vous, n'avez-vous rien , Seigneur, qui vous
  arrête?

   A G A M E M N O N.
Moi, Madame !

   C L I T E M N E S T R E.
   Vos soins ont-ils tout préparé ?
     E.

AGAMEMNON.

Calchas est prêt, Madame, & l'autel est paré ;
J'ai fait ce que m'ordonne un devoir légitime.

CLITEMNESTRE.

Vous ne me parlez point, Seigneur, de la victime ?

» Ces mots, *Vous ne me parlez point de la*
» *victime*, ne sont pas assurément dans Euripide.
» On sait de quel sublime est le reste de la scene,
» non pas de ce sublime de déclamation, non pas
» de ce sublime de pensées recherchées, ou d'ex-
» pressions gigantesques, mais de ce qu'une mere
» au désespoir peut avoir de plus pénétrant &
» de plus terrible, de ce qu'une jeune Princesse,
» qui sent tout son malheur, a de plus touchant
» & de plus noble : après quoi, Achille déploie
» la fierté, l'indignation, les menaces d'un hé-
» ros irrité, sans qu'Agamemnon perde rien de sa
» dignité ; & c'était-là le plus difficile.
» Jamais Achille n'a été plus Achille que dans
» cette Tragédie. . . . . . Il aime Iphigénie, & il
» le doit ; il la regarde comme sa femme : mais il
» est beaucoup plus fier, plus violent qu'il n'est
» tendre ; il aime comme Achille doit aimer, &
» il parle comme Homere l'aurait fait parler, s'il
» avait été Français. »

ACTE CINQUIEME.

» M. Luneau de Boisgermain, qui a fait une
» édition de Racine, avec des Commentaires,
» voudrait que la catastrophe d'Iphigénie fût en
» action sur le Théâtre ». —— » Nous n'avons, dit-
» il, qu'un regret à former ; c'est que Racine

» n'ait point compofé fa Piece dans un temps où
» le Théatre fût, comme aujourd'hui , dégagé de
» la foule des fpectateurs , qui inondaient autre-
» fois le lieu de la fcene ; ce Poëte n'aurait pas
» manqué de mettre en action la cataftrophe qu'il
» n'a mife qu'en récit. On eut vu d'un côté un
» pere confterné , une mere éperdue , vingt Rois
» en fufpens , l'autel , le bûcher , le Prêtre , le
» couteau , la victime : eh ! quelle victime ! de
» l'autre , Achille menaçant , l'armée *en émeute*,
» le fang de toutes parts prêt à couler. Eriphile
» alors ferait furvenue ; Calchas l'aurait défignée
» pour l'unique objet de la colere célefte ; & cette
» Princeffe s'emparant du couteau facré , aurait
» expiré bientôt fous les coups *qu'elle fe ferait*
» *portés.*——

   » Cette idée paraît plaufible au premier coup-
» d'œil. C'eft en effet le fujet d'un très-beau ta-
» bleau , parce que dans un tableau , on ne peint
» qu'un inftant : mais il ferait bien difficile que
» fur le Théatre , cette action , qui doit durer
» quelques momens , ne devînt froide & ridicule.
» Il m'a toujours paru évident que le violent
» Achille , l'épée nue & ne fe battant point ,
» vingt héros dans la même attitude , comme
» des perfonnages de tapifferie , Agamemnon ,
» Roi des Rois , n'impofant à perfonne , immo-
» bile dans le tumulte , formeraient un fpectacle
» affez femblable au cercle de la Reine en cire
» colorée par Benoît.

   Il eft des objets que l'art judicieux
Doit offrir à l'oreille , & reculer des yeux.

» Il y a bien plus ; la mort d'Ériphile glacerait
» les spectateurs, au lieu de les émouvoir. S'il est
» permis de répandre du sang sur le Théâtre (ce que
» j'ai quelque peine à croire), il ne faut tuer que
» les personnages auxquels on s'intéresse. C'est
» alors que le cœur du spectateur est véritablement
» ému ; il vole au-devant du coup qu'on va por-
» ter ; il saigne de la blessure. On se plaît avec
» douleur à voir tomber Zaïre sous le poignard
» d'Orosmane, dont elle est idolâtrée. Tuez, si
» vous voulez, ce que vous aimez, mais ne tuez
» jamais une personne indifférente ; le public sera
» très-indifférent à cette mort. On n'aime point
» du tout Ériphile ; Racine l'a rendue supporta-
» ble jusqu'au quatrieme acte : mais dès qu'Iphi-
» génie est en péril de mort, Ériphile est oubliée,
» & bientôt haïe ; elle ne ferait pas plus d'effet
» que la biche de Diane.
» On m'a mandé depuis peu, qu'on avait es-
» sayé à Paris le spectacle que M. Luneau de
» Boisgermain avait proposé, & qu'il n'a point
» réussi. Il faut savoir qu'un récit, écrit par Ra-
» cine, est bien supérieur à toutes les actions
» théatrales. »
Il faut convenir que M. de Voltaire, pénétré
ainsi des beautés de Racine, était bien en droit
de remarquer les fautes de Corneille. Cependant,
nous devons répéter que dans son Commentaire
sur les Œuvres de ce grand homme, il se trouve
non-seulement des expressions dont nous condam-
nons la violence, mais, ce qui nous fait plus de
peine encore, quelques remarques qui tendraient
à restreindre les richesses de la langue poëtique ;

richeſſes, qui, pour nous, ne ſont déja que trop rares. Il eſt arrivé à M. de Voltaire ce qui arrive à tout homme de ſang froid ; il réprouve quelque-fois d'heureuſes hardieſſes qu'il a employées lui-même, lorſqu'il écrivait en Poëte, & qui, loin d'être des défauts, forment, au contraire, un des ornemens eſſentiels de toute poéſie. Mais nous n'en eſtimons pas moins les remarques judicieuſes dont il a d'ailleurs enrichi ce Commentaire. Le même goût qui lui faiſait ſentir avec tranſport ces grands traits que Racine a toujours ſi heureuſement ſaiſies, de-vait ſe révolter contre la déclamation, l'obſcu-rité & l'enflure qui ſe mêlent trop ſouvent aux meilleures Pieces de Corneille, & qui défigurent entiérement la plupart des autres.

» En général, comme l'a très-bien dit M. de
» Voltaire, le goût fin & ſûr conſiſte dans le
» ſentiment prompt d'une beauté parmi des dé-
» fauts, & d'un défaut parmi des beautés.

» Le gourmet eſt celui qui diſcernera le mé-
» lange de deux vins, qui ſentira ce qui domine
» dans un mets, tandis que les autres convives
» n'auront qu'un ſentiment confus & égaré.

» On ſe trompe, quand on dit que c'eſt un
» malheur d'avoir le goût trop délicat; il n'y a de
» vrais plaiſirs, au contraire, que pour les con-
» naiſſeurs difficiles. Ils voient, ils entendent, ils
» ſentent ce qui échappe aux hommes moins
» ſenſiblement organiſés & moins exercés.

» Le véritable connaiſſeur en muſique, en
» peinture, en architecture, en poéſie, &c.,
» éprouve des ſenſations que le vulgaire ne ſoup-

E 3

» çonne pas ; le plaisir même de découvrir une
» faute le flatte , & lui fait sentir les beautés plus
» vivement. C'est l'avantage des bonnes vues sur
» les mauvaises. »

(5) C'est d'après M. de Voltaire , que nous
avons parlé des changemens heureux arrivés parmi
nous à l'art de la représentation. Il ajoute , à
l'exemple de Mademoiselle Dumesnil , dans
Mérope , celui du célebre le Kain & de Mademoiselle Clairon , dans la Tragédie de Tan-
» portées par des secousses si vives, jamais les
» larmes n'ont plus coulé. La perfection de l'art
» des acteurs s'est déployée , en ces deux occa-
» sions , avec une force dont jusques-là nous n'a-
» vions point d'idée, & Mademoiselle Clairon
» est devenue sans contredit le plus grand peintre
» de la nation.

» Si dans le quatrieme acte de *Mahomet*, on
» avait de jeunes acteurs qui prissent ces grands
» traits pour modeles ; un Séide , qui sût être
» à la fois enthousiaste & tendre , féroce par
» fanatisme, humain par nature, qui sût frémir
» & pleurer ; une Palmire , animée , attendrie,
» effrayée, tremblante du crime qu'on va com-
» mettre , sentant déja l'horreur , le repentir,
» le désespoir, à l'instant que le crime est com-
» mis ; un pere vraiment pere , qui en eut les
» entrailles, la voix, le maintien ; un pere qui
» reconnaît ses deux enfans dans ses deux meur-
» triers, qui les embrasse en versant ses larmes
» avec son sang ; qui mêle ses pleurs avec
» ceux de ses enfans, qui se souleve pour les ser-

,, rer entre ſes bras, retombe, ſe penche ſur
,, eux ; enfin, ce que la nature & la mort peu-
,, vent fournir à un tableau : cette ſituation ſe-
,, rait encore au-deſſus de celles dont nous ve-
,, nons de parler.

. . . .

,, Nous ſavons, & le public le ſait mieux que
,, nous, qu'il ne faut pas prodiguer ces actions
,, terribles & déchirantes ; que plus elles font d'im-
,, preſſion, bien amenées, bien ménagées, plus
,, elles ſont impertinentes, quand elles ſont hors
,, de propos. Une Pièce mal écrite, mal dé-
,, brouillée, obſcure, chargée d'incidens incroya-
,, bles, qui n'a de mérite que celui d'un panto-
,, mime & d'un décorateur, n'eſt qu'un monſtre
,, dégoûtant.

,, Placez un tombeau dans *Sémiramis* ; oſez y
,, faire paraître l'ombre de Ninus ; que Ninias
,, ſorte de ce tombeau les bras teints du ſang de
,, ſa mere, cela vous ſera permis. Le reſpect pour
,, l'antiquité, la mythologie, la majeſté du ſujet,
,, la grandeur du crime, je ne ſais quoi de ſom-
,, bre & de terrible répandu, dès les premiers vers,
,, ſur toute cette Tragédie, tranſportent le ſpec-
,, tateur hors de ſon ſiecle & de ſon pays. Mais
,, ne répétez pas ces hardieſſes ; qu'elles ſoient ra-
,, res, qu'elles ſoient néceſſaires. Si elles ſont inu-
,, tilement prodiguées, elles feront rire.

,, L'abus de l'action théatrale peut faire rentrer
,, la Tragédie dans la barbarie. Que faut-il donc
,, faire ? Craindre tous les écueils : mais comme il
,, eſt plus aiſé de faire une belle décoration qu'une
,, belle ſcene, plus aiſé d'indiquer des attitudes

E 4

„ que de bien écrire, il est vraisemblable qu'on gâ-
„ tera la Tragédie, en croyant la perfectionner. „

Rien de plus judicieux, & qui mérite plus l'attention de nos jeunes Auteurs dramatiques & de
nos acteurs, que ce morceau qui doit leur servir de regle. On trouve dans le vaste Recueil des
Œuvres de M. de Voltaire, une foule de choses
précieuses, qui sont en quelque sorte perdues pour
sa gloire, précisément par l'immensité de sa Collection, & qui auraient suffi à la réputation d'un
autre Ecrivain.

(6) Cette maniere expéditive se fait sentir, sur-
tout, dans les Epitres à l'Impératrice de Russie,
au Roi de Danemarck, au Roi de la Chine, à
M. d'Alembert, &c. &c.; dans les Pieces intitulées:
les Deux Siecles, *les Cabales*, *les Systêmes*,
&c.; dans quelques Odes appellées Pindariques;
dans le Dialogue de Pégase & du Vieillard; & bien
plus encore, dans celui du Pere Nicodeme & de
Jeannot. On trouve à la vérité, dans presque toutes ces Pieces, des vers très-heureux, quelques
détails agréables, & sur-tout de belles idées, qui
n'ont jamais manqué à M. de Voltaire : mais c'est
ce qu'on ne trouvera point dans les imitateurs de
cette maniere négligée, & nous verrons éclore une
foule de Poëtes auxquels il ne manquera précisément que de la poésie.

Parmi ces ouvrages des derniers temps de M. de
Voltaire, nous voudrions pouvoir distinguer l'É-
pitre à Boileau ; mais ces deux vers si injustes :

Boileau, correct Auteur de quelques bons écrits,

Zoïle de Quinault, & flatteur de Louis,

feront toujours la plus grande peine à ceux qui s'intéreſſent véritablement à ſa gloire. Quelle ſécherefſe & quelle dureté dans ces mots : *Correct Auteur de quelques bons écrits !* Tous les écrits de Boileau, à l'exception de ſa Satyre ſur l'Équivoque, & de l'Ode ſur la priſe de Namur, ſont bons, & doivent à jamais ſervir d'exemples à nos Poëtes. Les Épîtres, le Lutrin, l'Art Poëtique, ſont des chef-d'œuvres de tous les temps & de tous les lieux. Les Satyres mêmes, qu'on voudrait rabaiſſer, feront éternellement le modele du genre par la fineſſe, l'enjoûment, les graces que l'Auteur a ſu y répandre ; & nous ne connaiſſons rien dans l'antiquité, de préférable, ou même d'égal à la neuvieme de ces Satyres.

Le vers, *Zoïle de Quinault*, eſt bien plus étrange encore. Les noms de Zoïle & de Boileau ſont incompatibles. Il aurait été l'ennemi de Corneille même, qu'il n'eut mérité que le nom d'injuſte, & non celui de Zoïle, qui ne peut jamais s'appliquer à un Écrivain tel que lui. Quelque mérite que nous reconnaiſſions à Quinault, Boileau & Racine avaient ſur lui une trop grande ſupériorité de génie & de talens, pour qu'il fût jamais permis de leur dire une injure, ſous prétexte de le venger. Homere a eu véritablement un Zoïle ; Quinault ne peut en avoir d'autre que l'Écrivain ſubalterne qui voulait ſe gager à l'Opéra pour retoucher ſes ouvrages.

Avouons que M. de Voltaire avait de l'humeur, ſoit qu'elle vint de lui-même, ſoit qu'elle

E 5

ui eut été communiquée , lorsqu'il fit cette Épitre , dans laquelle on trouve, d'ailleurs, de très-heureux détails. Hâtons-nous de l'oppofer à lui-même, & de nous rappeller ce beau vers du Temple du Goût :

La régnait Defpréaux, *leur maitre en l'art d'écrire.*

Ajoutons-y ces vers plus beaux encore :

On peut à Defpréaux pardonner la fatyre ;
Il joignit l'art de plaire au malheur de médire.
Le miel que cette Abeille avait tiré des fleurs,
Pouvait de fa piqûre adoucir les douleurs.
Mais pour un lourd Frélon, méchamment imbécille,
Qui vit du mal qu'il fait, & nuit fans être utile,
On écrafe à plaifir cet infecte orgueilleux ,
Qui fatigue l'oreille, & qui choque les yeux.

Nous avons dit que M. de Voltaire avait mieux confervé dans fes poéfies légeres , que dans fes vers alexandrins, le charme de fes premiers écrits. On peut en juger par cette Piece , qu'il fit à quatre-vingts ans, & qui ne fe trouve point dans fon édition in-quarto.

A MADAME LA MARQUISE D***.

Eh quoi ! vous êtes étonnée
Qu'après fes quatre-vingts hivers ,
Ma mufe , faible & furannée ,
Puiffe encor fredonner des vers !

Quelquefois un peu de verdure
Rit sous les glaçons de nos champs ;
Elle console la nature,
Mais elle seche en peu de temps.

Un oiseau peut se faire entendre
Après la saison des beaux jours :
Mais sa voix n'a plus rien de tendre,
Il ne chante plus ses amours.

Ainsi, je touche encor ma lyre,
Qui n'obéit plus à mes doigts :
Ainsi j'essaye encor ma voix
Au moment même qu'elle expire.

Je veux, dans mes derniers adieux,
Disait Tibulle à son amante,
Attacher mes yeux sur tes yeux,
Te presser de ma main mourante.

Mais quand on sent qu'on va passer,
Quand l'ame fuit avec la vie,
A-t-on des yeux pour voir Délie,
Et des mains pour la caresser ?

Dans ces momens chacun oublie
Tout ce qu'il a fait en santé ;
Quel mortel s'est jamais flatté
D'un rendez-vous à l'agonie ?

Délie elle-même, à son tour,
S'en va dans la nuit éternelle,
En oubliant qu'elle fut belle,
Et qu'elle a vécu pour l'Amour.

E 6

Nous naiſſons, nous vivons, Glycere,
Nous mourons ſans ſavoir comment.
Chacun eſt parti du néant ;
Où va-t-il ? Dieu le ſait , ma chere.

Nous pourrions encore ajouter à cet exemple
les adieux qu'il adreſſa , très-peu de temps avant
ſa mort, à M. le Marquis de Villette. Ce furent
ſes derniers vers, & préciſément ce que les anciens appellaient le chant du cygne (*).

(7) Voici ce que Jean-Baptiſte Rouſſeau écrivait à M. de Voltaire lui-même ſur ſa Tragédie
d'Œdipe.

„ Malgré l'éloignement qui nous ſépare, Mon-
„ ſieur, je ne vous ai jamais perdu de vue , & mon
„ amitié vous a toujours ſuivi ſans interruption
„ dans les différens événemens dont votre vie a été
„ mélangée. Il y a long-temps que je vous regarde
„ comme un homme deſtiné à faire un jour la gloire
„ de ſon ſiecle , & j'ai eu la ſatisfaction de voir que
„ toutes les perſonnes qui me font l'honneur de
„ m'écouter en ont fait le même jugement que
„ moi ſur les divers ouvrages que je leur ai ſou-
„ vent lus de vous. Dans le temps que je jouiſſais
„ du plaiſir de voir croître une réputation qui
„ m'eſt ſi chere , j'ai eu la douleur d'apprendre
„ les traverſes dont vos ſuccès ont été interrom-
„ pus , & je puis vous aſſurer que je ne les ai guere
„ moins vivement ſenties que les miennes pro-

(*) Ils ſe trouvent dans les *Mémoires &*
Anecdotes de Voltaire.

» pres . . . . . Vous en voilà quitte, du moins je
» l'espere ainsi, pour le reste de vos jours. Je sou-
» haite qu'ils soient aussi longs que ceux de Cor-
» neille, à qui vous succédez si dignement.

» Je n'ai reçu qu'hier le présent que vous avez
» eu la bonté de me faire de la Tragédie dans la-
» quelle vous avez lutté si avantageusement con-
» tre ce fameux moderne. Je ne doutais nulle-
» ment que l'avantage ne fût de votre côté ; mais
» je ne m'attendais pas que vous fortissiez si glo-
» rieusement du combat contre Sophocle. Et mal-
» gré la juste prévention où je suis pour l'anti-
» quité, je suis obligé d'avouer que le Français
» de vingt-quatre ans a triomphé, en beaucoup
» d'endroits, du Grec de quatre-vingt. Ce qui
» m'a le plus surpris, dans un Auteur de votre
» âge, c'est l'économie admirable de votre Piece,
» & la maniere judicieuse & adroite avec laquelle
» vous avez évité les écueils presque inévitables
» d'une action aussi difficile à traiter que celle que
» vous avez choisie. Vous n'étiez pas obligé, non
» plus que Sophocle, de les éviter tous : mais vous
» avez parfaitement rempli, aussi-bien que lui,
» l'indispensable obligation d'attacher la curiosité
» du spectateur, & d'émouvoir ses passions ; re-
» gle à laquelle toutes les autres regles du Théâ-
» tre sont tellement subordonnées, que sans elle,
» une Piece sans défaut est une Piece détestable.
» Vos caracteres ne sont pas moins justes que vo-
» tre disposition, & je ne saurais approuver la cri-
» tique que vous faites vous-même de celui de
» Philoctete ; la modestie qui sied bien aux grands
» Hommes, n'étant point une vertu du caractere.

» des héros fabuleux, & étant même contraire à
» la simplicité des premiers temps, comme la va-
» nité le serait à la politesse du nôtre......»

......Il entre dans une foule d'autres détails,
qui prouvent qu'en effet il reconnaissait, dans la
Tragédie de M. de Voltaire, une véritable supériorité sur celle de Sophocle, & il finit par l'assû-
rer des sentimens les plus tendres. Au reste, ce
qu'il écrivait à M. de Voltaire, il l'écrivait pareil-
lement à Brossette & à d'autres. » Je vous avoü-
» rai ingénûment & sans prévention, dit-il à
» Brossette, que j'ai trouvé la Piece plus belle
» encore que je ne me l'étais figuré, & que je
» ne m'attendais pas à trouver si peu de fautes dans
» la conduite d'un ouvrage où Corneille lui-même
» a échoué. » Il vante & la prodigieuse difficulté
du sujet, & les inconvéniens que l'Auteur a évités
avec plus d'art que Sophocle lui-même. Enfin, il
justifie, d'après les caracteres d'Homere, celui
de Philoctete dont M. de Voltaire paraissait mécontent, & il est en tout le même que dans la
lettre précédente.

Voici ce qu'il écrivit depuis sur la Henriade.

» M. de Voltaire a passé ici trois semaines,
» pendant lesquelles nous ne nous sommes guere
» quittés. J'ai été charmé de voir un jeune homme
» d'une si grande espérance. Il a eu la bonté de me
» confier son Poëme pendant quelques jours. Je
» puis vous assurer qu'il fera un très-grand hon-
» neur à l'Auteur. Notre nation avait besoin
» d'un ouvrage comme celui-là : l'économie en
» est admirable, & les vers parfaitement beaux. A
» quelques endroits près, sur lesquels il est entré

„ dans ma penfée, je n'y ai rien trouvé qui puiffe
„ être critiqué raifonnablement. „

Répétons ici ce que nous avons déja cité ailleurs,
la lettre que M. de Voltaire écrivit enfin, après
la mort de Rouffeau, & redifons encore que,
pour fa propre gloire, il aurait dû perfévérer dans
fes fentimens.

„ J'ai reçu, Monfieur, la lettre que vous m'a-
„ vez fait l'honneur de m'écrire, avec votre projet
„ de foufcription pour les Œuvres du célebre Poëte
„ dont vous étiez l'ami. Je me mets très-volontiers
„ au rang des foufcripteurs, quoique j'aie été
„ malheureufement au rang de fes ennemis les
„ plus déclarés. Je vous avoûrai même que cette
„ inimitié pefait beaucoup à mon cœur. J'ai tou-
„ jours penfé, j'ai dit, j'ai écrit que les Gens
„ de Lettres devraient être tous freres. Il
„ femblait que la deftinée, en me conduifant
„ dans la Ville où l'illuftre & malheureux Rouf-
„ feau a fini fes jours, me ménageât une récon-
„ ciliation avec lui. L'efpece de maladie dont il
„ était accablé, m'a privé de cette confolation,
„ que nous avions tous deux également fou-
„ haitée (*). L'amour de la paix l'eut emporté

(*) Rouffeau avait fait réellement à M. de Voltaire des avances de réconciliation : mais Rouffeau
avait d'implacables ennemis, dont quelques-uns
même exiftent encore, & qui empêcherent toujours
que M. de Voltaire ne revint à lui. Nous l'avons
dit, c'eft moins à ce grand homme qu'il faut imputer la plupart de fes fautes, qu'aux ennemis qui
le harcelaient fans ceffe. Voulait-on, par exem-

» fur tous les fujets d'aigreur qu'on avait femés
» entre nous. Ses talens, fes malheurs, & ce que
» j'ai oui-dire ici de fon caractere, ont banni de
» mon cœur tout reffentiment, & n'ont laiffé
» mes yeux ouverts qu'à fon mérite. »

F I N.

ple, lui donner une apparence d'inimitié pour ceux
de fes Contemporains, qui avaient, après lui, le
plus de droits à la gloire? on affectait maligne-
ment de les élever infiniment au-deffus de lui, ou
bien on leur fuppofait, à fon égard, des fentimens qu'ils n'avaient pas. Peut-être allait-on
même jufqu'à leur prêter des épigrammes ou des
injures; on était fûr, par ce manege, de lui donner de l'humeur, & on le rendait injufte.

ÉRIPHILE,

TRAGÉDIE.

DISCOURS.

JUGES plus éclairés que ceux qui, dans Athene,
Firent naître & fleurir les loix de Melpomene;
Daignez encourager des jeux & des écrits
Qui, de votre suffrage, attendent tout leur prix:
De vos décisions le flambeau salutaire
Est le guide assuré qui mene à l'art de plaire.
En vain, contre son juge, un auteur mutiné
Vous accuse ou se plaint quand il est condamné:
Un peu tumultueux, mais juste & respectable,
Ce tribunal est libre & toujours équitable.
Si l'on vit quelquefois des écrits ennuyeux
Trouver, par d'heureux traits, grace devant vos
    yeux;
Ils n'obtinrent jamais grace en votre mémoire:
Applaudis sans mérite; ils sont, chez vous, sans
    gloire:
Et vous vous empressez seulement à cueillir
Les fleurs que vous sentez qu'un moment va flétrir.
D'un acteur quelquefois la séduisante adresse

D'un vers dur & sans grace adoucit la rudesse :
Des défauts embellis ne vous révoltent plus.
C'est Baron qu'on aimait ; ce n'est pas Régulus.
Sous le nom de Couvreur Constance a pu paraître :
Le public est séduit ; mais alors il doit l'être :
Et, se livrant lui-même à ce charmant attrait,
Écoute avec plaisir ce qu'il lit à regret.
Souvent vous démêlez, dans un nouvel ouvrage,
De l'or faux & du vrai le trompeur assemblage :
On vous voit tour-à-tour applaudir, réprouver ;
Et pardonner sa chûte à qui peut s'élever.
Des sons fiers & hardis du théatre tragique
Paris court avec joie aux graces du comique :
C'est-là qu'il veut qu'on change & d'esprit & de ton :
Il se plaît au naïf, il s'égaie au bouffon :
Mais il aime sur-tout qu'une main libre & sûre
Trace, des mœurs du temps, la riante peinture.
Ainsi, dans le sentier avant lui peu battu,
Moliere, en se jouant, conduit à la vertu.
Folâtrant quelquefois sous un habit grotesque,
Une muse descend au faux goût du burlesque :
On peut, à ce caprice, en passant s'abaisser ;
Mais moins pour applaudir que pour se délasser.
Heureux les purs écrits que la sagesse anime ;

Qui font rire l'efprit, qu'on aime & qu'on eftime :
Tel eft, du Glorieux, le chafte & fage auteur :
Dans fes vers épurés la vertu parle au cœur.
Voilà ce qui nous plaît ; voilà ce qui nous touche :
Et non ces froids bons mots dont l'honneur s'ef-
    farouche :
Infipide entretien des plus groffiers efprits,
Qui font naître à la fois le rire & le mépris.
Ah ! qu'à jamais la fcene, ou fublime ou plaifante,
Soit des vertus du monde une école charmante !
Français, c'eft dans ces lieux qu'on vous peint
    tour-à-tour
La grandeur des héros, les dangers de l'amour :
Souffrez que la terreur aujourd'hui reparaiffe :
Que, d'Efchyle au tombeau, l'audace ici renaiffe.
Si l'on a trop ofé, fi dans nos faibles chants
Sur des tons trop hardis nous montons nos accens,
Ne découragez point un effort téméraire :
Eh ! peut-on trop ofer, quand on cherche à vous
    plaire ?
Daignez-vous tranfporter dans ces temps, dans
    ces lieux,
Chez les premiers humains vivans avec les Dieux ;
Et que votre raifon fe ramene à des fables

Que Sophocle & la Grece ont rendu vénérables.
Vous n'aurez point ici ce poison si flatteur
Que la main de l'amour apprête avec douceur.
Souvent, dans l'art d'aimer, Melpomene avilie
Farda ses nobles traits du pinceau de Thalie :
On vit des courtisans, des héros déguisés,
Pousser de froids soupirs en madrigaux usés.
Non, ce n'est point ainsi qu'il est permi qu'on aime :
L'amour n'est excusé que lorsqu'il est extrême.
Mais ne vous plairiez-vous qu'aux fureurs des
    amans ?
A leurs pleurs, à leur joie, à leurs emportemens ?
N'est-il point d'autres coups pour ébranler une
    ame ?
Sans les flambeaux d'amour, il est des traits de flamme :
Il est des sentimens, des vertus, des malheurs
Qui, d'un cœur élevé, savent tirer des pleurs :
Aux sublimes accens des chantres de la Grece,
On s'attendrit en homme ; on pleure sans faiblesse.
Mais pour suivre les pas de ces premiers auteurs,
De ce spectacle utile illustres inventeurs,
Il faudrait pouvoir joindre, en sa fougue tragique,
L'élégance moderne avec la force antique :
D'un œil critique & juste il faut l'examiner ;

Se corriger cent fois, ne se rien pardonner;
Et, soi-même avec fruit se jugeant par avance,
Par ses sévérités gagner votre indulgence.

PERSONNAGES.

ÉRIPHILE , reine d'Argos.

THÉANDRE , ministre de la Reine.

ALCMÉON , inconnu , devenu commandant sous
   Hermogide.

LE GRAND-PRÊTRE de Jupiter.

HERMOGIDE , prétendant au trône d'Argos.

ZÉLONIDE , confidente de la Reine.

POLÉMON , confident de la Reine.

EUPHORBE , confident d'Hermogide.

Suite d'Argiens.

*La Scene est à Argos, dans le vestibule du
temple de Jupiter.*

ÉRIPHILE.

ÉRIPHILE,

TRAGÉDIE.

ACTE PREMIER.

SCENE PREMIERE.

LE GRAND-PRÊTRE & sa suite, THÉANDRE.

LE GRAND-PRÊTRE.

ALLEZ, ministres saints ; annoncez à la terre
La justice du ciel, & la fin de la guerre.
Des pompes de la paix que ces murs soient parés.
Dieux, protégez Argos.... Théandre demeurez.
Vous voyez que, des Dieux, la sagesse éternelle

F

A béni de vos foins la piété fidelle.

Alcméon déformais eft le foutien d'Argos : (*)

La victoire a fuivi le char de ce héros ;

Etlorfque devant lui deux rois vaincus fléchiffent,

De fa gloire fur vous les rayons réjailliffent :

Alcméon dans Argos paffe pour votre fils.

THÉANDRE.

Depuis qu'entre mes mains cet enfant fut remis,

Ses vertus m'ont donné des entrailles de pere.

Je m'indigne en fecret de fon deftin févere.

J'ofe accufer, des Dieux, l'irrévocable loi

Qui le fit naître efclave avec l'ame d'un roi :

Qui fe plut à produire au fein de la baffeffe

Le plus grand des héros dont s'honora la Grece.

LE GRAND-PRÊTRE,

Aux yeux des immortels, & devant leur fplendeur,

Il n'eft point de baffeffe ; il n'eft point de grandeur :

Le plus vil des humains, le roi le plus augufte,

Retranchement.

(*) Cet enfant, par mes mains à la mort arraché,
Ce préfent des deftins, chez vous long-temps caché,
Par des exploits fans nombre aujourd'hui juftifie
L'œil pénétrant des Dieux qui veilla fur fa vie.

Tout eft égal pour eux ; rien n'eft grand que le
    jufte :
Quels que foient fes aïeux ; les deftins aujourd'hui,
De leurs ordres facrés, fe repofent fur lui.
Songez à cet oracle , à cette loi fuprême
Que la reine autrefois a reçu des Dieux même.
" Lorfqu'en un même jour deux rois feront vain-
    cus ,
" Tes mains prépareront un fecond hyménée ;
" Ces temps , ce jour affreux , feront la deftinée
" Et des peuples d'Argos & du fang d'Inachus. "
Ce jour eft arrivé : votre éleve intrépide
A vaincu les deux rois de Pilos & d'Élide ;
Et l'hymen d'Ériphile eft déja déclaré.
Vous , fi du dernier roi le nom vous eft facré ,
D'Amphiarus encor fi vous aimez la gloire ,
Si ce roi malheureux vit dans votre mémoire ,
Dans le cœur d'Alcméon gravez ces fentimens:
Qu'il foit jufte , il fuffit. Mais tremblez.....

THÉANDRE.

Dieux puiffans ,

Que nous annoncez-vous !

LE GRAND-PRÊTRE.

Voici le jour peut-être

F 2

Qui va redemander le fang de votre maître :
La vengeance implacable, & qui marche à pas lents,
Defcend du haut des cieux, après plus de quinze ans:
Il faut d'Amphiarus venger la mort funefte. (*)
Dans une obfcure nuit les Dieux cachent le refte.

THÉANDRE.

Il n'eft donc que trop vrai ; ce prince infortuné,
Ce grand Amphiarus, put être affaffiné !
Quoi, fa femme elle-même aurait pu !.... La bar-
   bare !

______

(*) Mais gardez qu'Alcméon, par une audace
      vaine,
Combatte ici les Dieux, & s'unifle à la reine.
            THÉANDRE.
Qui, lui, qui d'Ériphile eft le plus ferme appui !
      LE GRAND-PRÊTRE.
Puiffe à jamais le ciel la féparer de lui !
            THÉANDRE.
A quelle horreur encor faut-il donc nons attendre !
Quoi, des Dieux fur Argos le courroux va def-
      cendre !
Dieux, eft-ce là ce jour marqué par vos bienfaits !
      LE GRAND-PRÊTRE.
Jamais jour ne fera plus terrible aux forfaits.
Il faut d'Amphiarus venger la mort funefte:
C'eft tout ce que je fais; ⎱
Aux peuples aveuglés ⎰ les Dieux cachent le refte.

Hélas ! quand des bons rois le ciel toujours avare
A ſes triſtes ſujets ravit Amphiarus ,
Il m'en ſouvient aſſez , un murmure confus ,
Quelques ſecrettes voix , que je croyais à peine ,
Accuſaient de ſa mort Hermogide & la reine !
Mais quel mortel hardi pouvait jetter les yeux
Dans la nuit qui couvrait ce myſtere odieux ?
Nos timides ſoupçons ont tremblé de paraître :
Ce bruit s'eſt diſſipé.

LE GRAND-PRÊTRE.

Le ciel l'a fait renaître.

La vérité terrible , avec des yeux vengeurs ,
Vient ſur l'aîle du temps ; & lit au fond des cœurs :
Son flambeau redoutable éclaire enfin l'abyme
Où , dans l'impunité , s'était caché le crime.

THÉANDRE.

O mon maître , ô grand roi , lâchement égorgé ,
Je mourrai ſatisfait ſi vous êtes vengé ! (*)

____

(*) Qu'avec étonnement cependant je contemple
Les couronnes de fleurs dont vous parez le temple !
La publique allégreſſe ici parle à mes yeux
Du bonheur de la terre & des faveurs des Dieux.
    LE GRAND-PRÊTRE.
La Grece ainſi l'ordonne ; & voici la journée
Que , pour ce nouveau choix , elle a déterminée.

LE GRAND-PRÊTRE.

Comment dois-tu finir, folennelle journée,
Que le deftin fixa pour ce grand hyménée?
Hermogide, & les rois fes illuftres rivaux
Qui briguaient cet hymen & défolaient Argos

Hermogide & les rois d'Élide & de Pilos,
Qui briguaient cet hymen & défolaient Argos,
Sufpendant aujourd'hui leur difcorde & leur haine,
Ont remis leurs deftins à la voix de la reine:
Elle doit en ces lieux difpofer de fa foi:
Se choifir un époux, & nous donner un roi.

THÉANDRE.

O ciel, fouffririez-vous que le traître Hermogide
Reçût ce noble prix d'un fi lâche homicide!

LE GRAND-PRÊTRE.

La reine héfite encore; & craint de déclarer
Celui que, de fon choix, elle veut honorer:
Mais, quel que foit enfin le deffein d'Ériphile,
Les temps font accomplis; fon choix eft inutile.

THÉANDRE.

Pour un hymen, grands Dieux, quel étrange ap-
     pareil!
Ce matin, dévançant le retour du foleil,
J'ai vu dans ce palais la garde redoublée:
La reine était en pleurs, interdite, troublée;
Dans fon appartement elle n'ofait rentrer:
Une fecrette horreur femblait la pénétrer:
Elle invoquait les Dieux, &, tremblante, éperdue,
De fon premier époux embraffait la ftatue.

Dans une ombre de paix ont aſſoupi leur haine:
Ils ont remis leur ſort à la voix de la reine:
Elle doit en ces lieux diſpoſer de ſa foi;
Se choiſir un époux, & nous donner un roi.
Le verrez-vous, mes yeux ! verrez-vous Hermogide
Succéder au héros dont il fut l'homicide !
Puiſſe un plus heureux choix, puiſſe un roi vertueux
Détourner le tonnerre & déſarmer les Dieux !
Mais, hélas, des deſtins interprete ſévere,
Je ſerai malgré moi miniſtre de colere !

THÉANDRE.

Nul ne ſait, de ſon cœur, les ſecrets ſentimens:
Mais un trouble inconnu l'agite à tous momens.
Ce matin, dans ces lieux, déſolée, éperdue,
Elle a d'Amphiarus embraſſé la ſtatue:
Dans ſon appartement elle n'oſait rentrer:
Une ſecrette horreur ſemblait la pénétrer.
Tel eſt des criminels le partage effroyable.
Ciel, qu'elle doit ſouffrir, ſi ſon cœur eſt coupable!

LE GRAND-PRÊTRE.

Bientôt de ces horreurs vous ſerez éclairci:
Suivez-moi dans le temple.

THÉANDRE.

Ah, ſeigneur, la voici.

SCENE II.

ÉRIPHILE, Suite, ZÉLONIDE, LE GRAND-
PRÊTRE, THÉANDRE.

(Ériphile paraît pleine d'horreur & de tristesse.)

ZÉLONIDE *à la reine.*

PRINCESSE, rappellez votre force premiere ;
Que vos yeux sans frémir s'ouvrent à la lumiere.

ÉRIPHILE.

Ah, Dieux !

ZÉLONIDE.

Puissent les Dieux dissiper votre effroi !

ÉRIPHILE *au Grand-Prêtre.*

Eh quoi, ministre saint, vous fuyez devant moi !
Demeurez ; secourez votre reine éperdue :
Écartez cette main sur ma tête étendue :
Un spectre épouvantable en tous lieux me poursuit :
Les Dieux l'ont excité de l'éternelle nuit :
Je l'ai vu ; ce n'est point une erreur passagere

Que produit, du sommeil, la vapeur mensongere :
Le sommeil, à mes yeux refusant ses douceurs,
N'a point sur mon esprit répandu ces horreurs.
Je l'ai vu, je le vois ; cette image *effrayante*
A mes yeux *effrayés* demeure encor présente,
Du sein de ces tombeaux de cent rois mes aïeux
Il a percé l'abyme ; il marche dans ces lieux :
Les voiles malheureux qu'ici l'hymen m'apprête,
Sanglans & déchirés, semblaient couvrir sa tête ;
Et cachaient son visage à mon œil alarmé :
D'un glaive étincelant son bras était armé :
J'entends encor ses cris & ses plaintes funestes.
Vous, confident sacré des volontés célestes,
Répondez : quel est donc ce fantôme cruel ?
Est-ce un dieu des enfers, ou l'ombre d'un mortel?
Quel pouvoir a brisé l'éternelle barriere
Dont le ciel sépara l'enfer & la lumiere ?
Les mânes des humains, malgré l'arrêt du sort,
Peuvent-ils revenir du séjour de la mort ?

LE GRAND-PRÊTRE.

Oui ; du ciel quelquefois la justice suprême
Suspend l'ordre éternel établi par lui-même :
Il permet à la mort d'interrompre ses loix,
Pour l'effroi de la terre & l'exemple des rois.

F 5

ÉRIPHILE.

Hélas, lorsque le ciel à vos autels m'entraîne ;
Et d'un second hymen me fait subir la chaîne,
M'annonce-t-il la mort, ou défend-il mes jours ?
S'arme-t-il pour ma perte, ou bien pour mon se-
    cours ?
Que veut cet habitant des ténébreux abîmes ?
Que vient-il m'annoncer ?

LE GRAND-PRÊTRE *sortant.*

          Il vient punir les crimes.

SCENE III.

ÉRIPHILE, ZÉLONIDE.

ÉRIPHILE.

Quelle réponse, ô Ciel, & quel présage affreux!

ZÉLONIDE.

Ce jour semblait pour vous, des jours le plus heu-
    reux :
Des tyrans de ces lieux l'audace est confondue :
Par les mains d'Alcméon la paix vous est rendue ;

Ces princes qui briguaient l'empire & votre
    main, (*)
D'un mot de votre bouche, attendent leur deſtin.

        É.RIPHILE.

Le bras d'Alcméon ſeul a fait tous ces miracles.

       ZÉLONIDE.

Le deſtin, à vos vœux, ne mettra plus d'obſtacles.
Songez à votre gloire ; à tous ces rois rivaux ;
A l'hymen qui, pour vous, rallume ſes flambeaux.

       ÉRIPHILE.

Moi, rallumer encor ces flammes déteſtées !
Moi, porter aux autels des mains enſanglantées !
Moi, choiſir un époux ! Ce nom cher & ſacré,
Par ma faibleſſe horrible, eſt trop déshonoré.
Qu'on détruiſe à jamais ces pompes ſolemnelles.
Quelles mains s'uniraient à mes mains criminelles ?
Je ne puis,

(*) Vous étiez libre enfin.
       ÉRIPHILE.
              La liberté, la paix,
Dans mon cœur déchiré ne rentreront jamais.
       ZÉLONIDE.
Aujourd'hui cependant, maitreſſe de vous même,
Vous pouvez diſpoſer de vous, du diadême.

                I 6

Z É L O N I D E.

Raffurez votre cœur éperdu :
Hermogide bientôt.....

É R I P H I L E.

Quel nom prononces-tu !
Hermogide, grands Dieux ! Lui, de qui la furie
Empoifonna le cours de ma fatale vie !
Hermogide!Ah!fans lui, fans fes { barbares / coupables } feux,
Mon cœur, mon trifte cœur, eut été vertueux !

Z É L O N I D E.

Quel trouble vous faifit, quel remords vous tour-
mente ?

É R I P H I L E.

Pardonne, Amphiarus, pardonne, ombre fanglante;
Ceffe de m'effrayer du fein de ce tombeau :
Je n'ai point, dans tes flancs, enfoncé le couteau :
Je n'ai point confenti.... Que dis-je, miférable !

Z É L O N I D E.

Quoi, vous !... De quels forfaits êtes-vous donc
coupable ?

É R I P H I L E.

Je n'ai pu jufqu'ici t'avouer tant d'horreurs.

Les malheureux fans peine exhalent leurs douleurs:
Mais, hélas! qu'il en coûte à déclarer fa honte !

ZÉLONIDE.

Une douleur injufte, un vain effroi vous dompte.
La vertu la plus pure eut toujours tous vos foins :
Votre cœur n'aima qu'elle.

ÉRIPHILE.

     Il le voulait au moins.
Tu n'étais pas à moi lorfqu'un trifte hyménée,
Au fage Amphiarus, unit ma deftinée?

ZÉLONIDE.

Vous fortiez de l'enfance & de vos heureux jours
Seize printemps à peine avaient marqué le cours.

ÉRIPHILE.

C'eft cet âge fatal & fans expérience,
Ouvert aux paffions, faible, plein d'imprudence,
C'eft cet âge indifcret qui fit tout mon malheur.
Un traître avait furpris le chemin de mon cœur.....
Hélas, qui l'aurait cru, que ce fier Hermogide,
Race des demi-Dieux, forti du fang d'Alcide,
Sous l'appas d'un amour fi tendre, fi flatteur,
Des plus noirs fentimens cachât la profondeur !
On lui promit ma main. Ce cœur faible & fincere,
Dans fes rapides vœux foumis aux loix d'un pere,

Trompé par son devoir, & trop tôt enflammé, (*)
Brûlait pour un barbare indigne d'être aimé :
Et, lorsqu'à l'oublier on voulut me contraindre,
Mes feux trop allumés ne pouvaient plus s'éteindre.
Amphiarus parut & changea mon destin :
Il obtint de mon pere & l'empire & ma main.
Je l'armai dans ces lieux de ce fer redoutable,
Ce fer sacré des rois, dont une main coupable

(*) D'un autre hymen alors on m'imposa la loi :
On demande mon cœur ; il n'était plus à moi.
(†) Il fallut étouffer ma passion naissante ;
D'autant plus forte en moi, qu'elle étoit innocente:
Que la main de mon pere avait formé nos nœuds:
Que mon sort, en changeant, ne changeait point
  mes feux :
Et que le fier devoir, armé pour me contraindre,
Les ayant allumés, eut peine à les éteindre.
Cependant tu le sais ; Athenes, Sparte, Argos,
Envoyerent à Thebe un peuple de héros.
Mon époux y courut. Le jaloux Hermogide
S'éloigna sur ses pas des champs de l'Argolide.
Je reçus ses adieux. O funestes momens,
Cause de mes malheurs, source de mes tourmens !
Je crus pouvoir lui dire, en mon désordre extrême,
Que je serais à lui, si j'étais à moi-même.
J'en dis trop, Zélonide ; & faible que je suis,
Mes yeux, mouillés de pleurs, expliquaient mes en-
  nuis.

Ofa depuis. . . . Hélas ! en lui donnant ma foi ,
Je lui devais un cœur , il n'était plus à moi !
Ingrate à ce héros , qui feul m'aurait dû plaire ,
Je portai dans fes bras une amour étrangere.
Objet de mes remords , objet de ma pitié ,
Demi-Dieu , dont je fus la coupable moitié ,
Quand tu quittas ces lieux , quand le traître Her-
    mogide

De mes foupirs honteux je ne fus pas maîtreffe ;
Même en le condamnant , je flattais fa tendreffe.
Autre changement.
(†) Ma paffion naiffante aveuglait ma jeuneffe :
D'autant plus malheureufe, hélas dans ma faibleffe,
Que mon cœur abufé fe fentait prévenu
Pour un indigne *amour* (*) qu'il avait mal connu :
Et qu'ingrate à l'époux qui feul m'aurait dû plaire,
Il me fallut combattre un amour adultere !
Objet de mes remords , objet de ma pitié ,
Demi-Dieu , dont je fus la coupable moitié.
(‡) Pourquoi , quand tu partis , quand le traître
    Hermogide
Te fit abandonner les champs de l'Argolide,
Pourquoi le vis-je alors , trop faible que je fuis !
Autre.
(‡) Hélas, quand tu partis , guidé par ton audace ,
Lorfqu'Hermogide à Thebe accompagna ta trace ,
Pourquoi le vis-je , &c.

    (*) *Il faut , je crois ,* amant.

Te fit abandonner les champs de l'Argolide,
Je l'avoue, il eſt vrai, je ne dûs pas le voir,
Et dûs mieux écouter la loi de mon devoir :
Je dûs cacher au moins ma coupable faibleſſe.
Mon front mal déguiſé fit parler ma tendreſſe :
J'avouais ma défaite, en penſant triompher :
J'allumais ſon eſpoir, que je crus étouffer.
L'aveugle ambition dont il brûlait dans l'ame,
De ſon fatal amour, empoiſonnait la flamme :
Il entrevit le trône ouvert à ſes deſirs :
Il expliqua mes pleurs, mes diſcours, mes ſoupirs,
Comme un ordre ſecret que ma timide bouche
Héſitait de preſcrire à ſa rage farouche.....
Je t'en ai dit aſſez.... & mon époux eſt mort. (*)

ZÉLONIDE.

Le roi, dans un combat, vit terminer ſon ſort.

ÉRIPHILE.

Argos le croit ainſi ; mais une main impie,
Ou plutôt ma faibleſſe, a terminé ſa vie :
Hermogide en ſecret l'immola ſous ſes coups.
Le cruel, tout couvert du ſang de mon époux,

____

(*) Enfin le Roi périt, & j'ai cauſé ſa mort.

Vint, armé de ce fer, inftrument de fa rage, (*)
Qui des droits à l'empire était l'augufte gage;
Et d'un affaffinat pour moi feule entrepris,
Au pied de nos autels, il demanda le prix.
Grands Dieux, qui m'infpirez mes remords légi-
    times,
Mon cœur, vous le favez, n'eft point fait pour
    les crimes;
Il eft né vertueux! . . . . Je vis avec horreur
Le coupable ennemi qui fut mon féducteur.
Je déteftai {le trône / l'amour} & {l'amour / l'empire} & la vie.

ZÉLONIDE.

Eh, ne pouviez-vous pas punir fa barbarie ?
Étiez-vous fourde au cri de ce fang innocent ?

ÉRIPHILE.

Celui qui le verfa fut toujours trop puiffant:
Et fon habileté, fecondant fon audace,
De ce crime aux mortels a dérobé la trace.
Je ne fus que pleurer, me taire & le haïr:
Mais le ciel à l'inftant s'arma pour me punir.

(*) *Étalant* à mes yeux fon crime & fa tendreffe,
Vint comme à fa complice *étaler* fa promeffe.

La main des Dieux, fur moi toujours appefantie,
Opprima mes fujets, perfécuta ma vie.
Les princes de Serra, d'Élide & de Pilos,
Se difputaient mon cœur & l'empire d'Argos.
De nos chefs divifés les brigues & les haines
De l'état qui chancelle embarraffoient les rênes:
Plus terrible qu'eux tous, plus grand, plus dange-
    reux,
Sûr de fes droits au trône, & fier de fes aïeux,
Mêlant à fes forfaits la force & le courage,
Et brigant à l'envi ce fanglant héritage,
Le barbare Hermogide a difputé contre eux
Et le prix de fon crime, & l'objet de fes feux.
Sur mon hymen alors, fur le fort de la guerre,
Je confultai la voix du maître du tonnerre:
A fa divinité, dont ces lieux font remplis,
J'offris en frémiffant mon encens & mes cris.
Sans doute tu l'appris cet oracle funefte;
Ce trifte avant-coureur du châtiment célefte;
Cet oracle me dit de ne choifir un roi
Que quand deux rois vaincus fléchiraient devant
    moi:
Mais qu'alors, d'un époux vengeant le fang qui crie,
Mon fils, mon propre fils, m'arracherait la vie.

ZÉLONIDE.
Juste ciel ! eh ! que faire en cette extrémité !
ÉRIPHILE.
Jamais mon triste cœur ne fut plus tourmenté.
Je chérissais mon fils ; la crainte & la tendresse
De mes sens désolés partageaient la faiblesse :
Mon fils me consolait de la mort d'un époux ;
Mais il fallait le perdre ou mourir par ses coups.
Trop de crainte peut-être, & trop de prévoyance,
M'ont fait injustement éloigner son enfance :
Je n'osais ni trancher ni sauver ses destins :
J'abandonnai son sort à d'étrangeres mains :
Il mourut pour sa mere, & ma bouche infidelle
De son trépas ici répandit la nouvelle.
Je l'arrachai pleurant de mes bras maternels....
Quelle perte, grands Dieux, & quels destins cruels !
J'ôte à mon fils le trône, à mon époux la vie ;
Et ma seule faiblesse a fait ma barbarie.
Zélonide, à tes yeux mon sort est dévoilé.
Tu vois de quelle horreur mon esprit est troublé.
Alcméon, sur deux rois, remporte la victoire ;
Mon hymen, de ce jour, doit signaler la gloire :
Mais les feux préparés pour cet hymen nouveau
Vont éclairer ma mort & parer mon tombeau.

S C E N E   IV.

ÉRIPHILE, ZÉLONIDE, POLÉMON.

ÉRIPHILE.

EH bien, cher Polémon, que venez-vous me
     dire ?

POLÉMON.

J'apporte à vos genoux les vœux de { cet } empire :
                                    { tout l' }
Son fort dépend de vous : le don de votre foi
Fait la paix de la Grece & le bonheur d'un roi.
Ce long retardement à vous-même funeste,
De nos divisions peut ranimer le reste.
Euriale & Tidée, & ces rois repoussés,
Vaincus par Alcméon, ne font point terrassés :
Dans Argos, incertain quel roi sera son maître,
Hermogide est puissant, son parti peut renaître :
Il se plaint, il murmure ; &, prompt à s'alarmer,
Bientôt, malgré vous-même, il le pourrait nommer.
Veuve d'Amphiarus, & digne de ce titre,
De ces grands différends & la cause & l'arbitre

Reine , daignez d'Argos accomplir les fouhaits :
Que le droit de régner foit un de vos bienfaits ;
Que votre voix décide ; & que cet hyménée
De la Grece & de vous regle la deftinée.

É R I P H I L E.

Pour qui penche ce peuple ?

P O L É M O N.

     Il attend votre choix :
Mais on fait qu'Hermogide eft du fang de nos rois;
Du fouverain pouvoir il eft dépofitaire :
Cet hymen à l'État femble être néceffaire.

É R I P H I L E.

On veut que je l'époufe , & qu'il foit votre roi ?

P O L É M O N.

Madame , avec refpeÉt on fuivra votre loi :
Prononcez , un feul mot réglera nos hommages.

É R I P H I L E.

Mais , du peuple , Hermogide a-t-il tous les fuf-
  frages ?

P O L É M O N.

S'il faut parler , madame , avec fincérité ,
Ce prince eft , dans ces lieux , moins cher que re-
  douté :
On croit qu'à fon hymen il vous faudra foufcrire :

Mais, madame, on le croit plus qu'on ne le defire.

ÉRIPHILE.

Alcméon ne vient point : l'a-t-on fait avertir ?

POLÉMON.

Déja du camp, Madame, il aura dû partir.

ÉRIPHILE.

Ce n'eſt qu'en ſa vertu que j'ai quelque eſpérance.
Puiſſe-t-il, de ſa reine, embraſſer la défenſe !
Puiſſe-t-il me ſauver de tous mes ennemis !
O Dieux de mon époux, & vous, Dieux de mon
     fils,
Prenez de cet état les rênes languiſſantes !
Remettez-les vous-même en des mains innocentes !
Ou, ſi dans ce grand jour il faut me déclarer,
Conduiſez donc mon cœur, & daignez m'inſpirer !

Fin du premier Acte.

ACTE II.

SCENE PREMIERE.

ALCMÉON, THÉANDRE.

THÉANDRE.

A. Lcméon, j'ai pitié de voir tant de faiblesse:
L'erreur qui vous séduit, la douleur qui vous presse,
De vos desirs secrets l'orgueil présomptueux
Éclate malgré vous & parle dans vos yeux;
Et j'ai tremblé cent fois que la reine offensée
Ne punît, de vos vœux, la fureur insensée.
Qui, vous ! jetter sur elle un œil audacieux!
Vous cherchez à vous perdre. Ah ! jeune ambi-
    tieux,

Faut-il vous voir ôter, par vos fougueux caprices,
L'honneur de vos exploits ; le fruit de vos services ;
Le prix de tant de sang versé dans les combats !

ALCMÉON.

Cher ami, pardonnez : je ne me connais pas....
La reine, oui je l'avoue ; oui, sa fatale vue
Porte au fond de mon ame une atteinte inconnue.
Je ne veux point voiler à vos regards discrets
L'erreur de mon jeune âge & mes troubles secrets.
Je vous dirai bien plus : l'aspect du diadême
Semble emporter mon ame au-delà de moi-même.
J'ignore pour quel roi mon bras a triomphé.
Mais, pressé d'un dépit avec peine étouffé,
A mon cœur étonné c'est un secret outrage
Qu'un autre emporte ici le prix de mon courage :
Que le trône ébranlé dont je fus le rempart,
Dépende d'un coup d'œil, ou se donne au hasard.
Que dis-je ? hélas ! peut-être est-il le prix du crime!
Mais non ; n'écoutons point le transport qui
    m'anime :
Bannissons loin de moi ce funeste soupçon
Qui regne en mon esprit, & trouble ma raison.
Ah ! si la vertu seule, & non pas la naissance !....
THÉAN-

THÉANDRE.

Écoutez. J'ai moi-même élevé votre enfance:
Souffrez-moi quelquefois, généreux Alcméon,
L'autorité d'un pere aussi-bien que le nom.
Vous passez pour mon fils: la fortune sévere,
Inégale en ses dons, pour vous marâtre & mere,
De vos jours conservés voulut mêler le fil
De l'éclat le plus grand & du fort le plus vil.
J'ai, d'un secret profond, couvert votre origine:
Mais vous la connaissez: & cette ame divine,
Du haut de sa fortune, & parmi tant d'éclat,
Devrait baisser les yeux sur son premier état.
Gardez que quelque jour cet orgueil téméraire
N'attire sur vous-même une triste lumiere ;
N'éclaire enfin l'envie ; & n'offre à l'univers,
Sous vos lauriers pompeux, la honte de vos fers.

ALCMÉON.

Ah ! c'est ce qui m'accable, & qui me désespere,
Il faut rougir de moi, trembler au nom d'un pere ;
Me cacher par faiblesse aux moindres citoyens ;
Et reprocher ma vie à ceux dont je la tiens.
Préjugé malheureux, éclatante chimere,
Que l'orgueil inventa, que le faible révere;
Par qui j'ai vu languir le mérite abattu

G

Aux pieds d'un prince indigne ou d'un grand fans
    vertu !
Les mortels font égaux : ce n'eft point la naiffance,
C'eft la feule vertu qui fait leur différence :
C'eft elle qui met l'homme au rang des demi-Dieux ;
Et qui fert fon pays n'a pas befoin d'aïeux :
Princes, rois, la fortune a fait votre partage :
Mes grandeurs font à moi : mon fort eft mon ou-
    vrage;
Et ces fers fi honteux, ces fers où je naquis,
Je les ai faits porter aux mains des ennemis.
Je n'ai plus rien du fang qui m'a donné la vie :
Il a, dans les combats, coulé pour la patrie.
Je vois ce que je fuis, & non ce que je fus ;
Et crois valoir au moins des rois que j'ai vaincus.

THÉANDRE.

Alcméon, croyez-moi; l'orgueil qui vous infpire,
Que je dois condamner, & que pourtant j'admire ;
Ce principe éclatant de tant d'exploits fameux,
En vous rendant fi grand, vous fit trop malheu-
    reux.
Pliez à votre état ce fougueux caractere (*)

(*) Quand vous feriez mon fils, que pourriez-
    vous prétendre ?...

Qui, d'un brave guerrier, ferait un téméraire :
C'eſt un des ennemis qu'il vous faut ſubjuguer :
Né pour ſervir le trône, & non pour le briguer,
Sachez vous contenter de votre deſtinée :
D'une gloire aſſez haute elle eſt environnée :
N'en recherchez point d'autre.... Eh ! qui ſait ſi
    les Dieux,
Qui, toujours ſur vos pas ont attaché leurs yeux,
Qui, pour venger Argos & pour calmer la Grece,
Ont voulu vous tirer du ſein de la baſſeſſe,
N'ont point encor ſur vous quelques ſecrets deſ-
    ſeins !
Peut-être leur vengeance eſt miſe entre vos mains.
Le ſang de votre roi, dont la terre eſt fumante,
Éleve encore au ciel une voix gémiſſante ;
Sa voix eſt entendue ; & les Dieux aujourd'hui,
Contre ſes aſſaſſins ſe déclarent pour lui :
Le Grand-Prêtre déja voit la foudre allumée,
Qui ſe cache à vos yeux dans les airs enfermée.
Enfin que feriez-vous, ſi les arrêts du ciel

D'un ſang peu glorieux le ciel m'a fait deſcendre ;
Et dans Corebe ou moi n'offre à votre fierté
Que de l'ignominie ou de l'obſcurité.

Vous preſſaient de punir un monſtre ſi cruel ?
Si , chargé malgré vous de leur ordre ſuprême ,
Vous vous trouviez entre eux & la reine elle-même,
S'il vous fallait choiſir ?

SCENE II.

ALCMÉON, THÉANDRE, POLÉMON.

POLÉMON.

LA reine , en ce moment,
Vous mande de l'attendre en cet appartement:
Elle vient. Il s'agit du ſalut de l'empire.

THÉANDRE.

Prête à choiſir un roi , qu'aurait-elle à lui dire ?
D'Amphiarus , ô Dieux , daignez-vous ſouvenir !

ALCMÉON.

Pour la derniere fois je vais l'entretenir.

SCENE III.

ÉRIPHILE, ALCMÉON, ZÉLONIDE.

ÉRIPHILE.

C'Eſt à vous, Alcméon ; c'eſt à votre victoire
Qu'Argos doit ſon bonheur, Ériphile ſa gloire :
C'eſt par vous que , maîtreſſe & du trône & de moi,
Dans ces murs relevés je puis choiſir un roi.
Mais, prête à le nommer, ma juſte prévoyance
Veut s'aſſurer ici de votre obéiſſance.
J'ai, de nommer un roi, le dangereux honneur :
Faites plus, Alcméon, ſoyez ſon défenſeur.

ALCMÉON.

D'un prix trop glorieux ma vie eſt honorée :
A vous ſervir, madame, elle fut conſacrée ;
Je vous devais mon ſang ; & quand je l'ai verſé,
Puiſqu'il coulait pour vous, je fus récompenſé.
Mais telle eſt de mon ſort la dure violence,
Qu'il faut que je vous trompe ou que je vous offenſe.
Reine, je vais parler. Des rois humiliés :

Briguent votre fuffrage & tombent à vos pieds :
Tout vous rit : que pourrais-je, en ce féjour tran-
  quille,
Vous offrir, qu'un vain zele & qu'un bras inutile!
Laiffez-moi fuir des lieux où le deftin jaloux
Me ferait malgré moi trop coupable envers vous.
ÉRIPHILE.
Vous, me quitter, ô Dieux ! Dans quel temps !
ALCMÉON.
Les orages
Ont ceffé de gronder fur ces heureux rivages :
Ma main les écarta. La Grece en ce grand jour,
Va voir enfin l'hymen, & peut-être l'amour,
Par votre augufte voix nommer un nouveau maître :
Reine jufqu'aujourd'hui, vous avez pu connaître
Quelle fidélité m'attachait à vos loix :
Quel zele inaltérable échauffait mes exploits,
J'efpérais à jamais vivre fous votre empire :
Mes vœux pourraient changer; & j'ofe ici vous dire
Que cet heureux époux, fur le trône monté,
Éprouverait en moi moins de fidélité ;
Et qu'un fujet foumis, dévoué, plein de zele,
Peut-être en d'autres lieux deviendrait un rebelle.

ÉRIPHILE.

Vous me quitter ! (*) Faut-il, quand je vous donne
    un roi,
Que les cœurs vertueux se détachent de moi !
Que craignez-vous ? Parlez ; il faut ne me rien taire.

ALCMÉON.

Je ne dois point lever un regard téméraire
Sur les secrets du trône , & sur les nouveaux nœuds
Préparés par vos mains pour un roi trop heureux :
Mais de ce jour enfin la pompe solemnelle ,
De votre choix au peuple , annonce la nouvelle.
Ce secret dans Argos est déja répandu.
Princesse, à cet hymen on s'était attendu :
Ce choix sans doute est juste, & la raison le guide: (†)
Mais je ne serai point le sujet d'Hermogide.
Voilà mes sentimens: & mon bras aujourd'hui ,
Ayant vaincu pour vous , ne peut servir sous lui.
Punissez ma fierté, d'autant plus condamnable ,

      (*) Eh quoi, pouvez-vous donc penser
Qu'Ériphile hésitât à vous récompenser ?

(†) On ne s'étonne point que l'heureux Hermogide
L'emporte sur les rois de Pilos & d'Élide :
Il est du sang des Dieux & de nos premiers rois :
Puisse-t-il mériter l'honneur de votre choix !

Qu'ayant ofé paraître elle eft inébranlable.

ÉRIPHILE.

Alcméon, demeurez. . . . J'attefte ici les Dieux;
Ces Dieux qui fur le crime ouvrent toujours les
    yeux,
Qu'Hermogide jamais ne fera votre maître.
Sachez que c'eft à vous à l'empêcher de l'être:
Et contre fes rivaux, & fur-tout contre lui,
Songez que votre reine implore votre appui.

ALCMÉON.

Qu'entends-je! Ah! difpofez de mon fang, de ma vie!
Que je meure à vos pieds, en vous ayant fervie!
Que ma mort foit utile au bonheur de vos jours!

ÉRIPHILE.

C'eft de vous feul ici que j'attends du fecours.
Allez; affurez-vous des foldats dont le zele
Se montre à me fervir plus prompt & plus fidele:
Que, de tous vos amis, ces murs foient entourés:
Qu'à tout événement leurs bras foient préparés.
Dans l'horreur où je fuis, fachez que je fuis prête
A marcher, s'il le faut, & mourir à leur tête.
Allez.

SCENE IV.

ÉRIPHILE, ZÉLONIDE.

ZÉLONIDE.

QUe faites-vous? Quel est votre dessein?
Que veut cet ordre affreux?

ÉRIPHILE.

Ah! je succombe enfin!
Dieux, comme en lui parlant mon ame déchirée,
Par des nœuds inconnus, se sentait attirée!
De quels charmes secrets mon cœur est combattu!
Quel état! Achevons ce que j'ai résolu.
Je le veux : étouffons ces indignes alarmes.

ZÉLONIDE.

Vous parlez d'Alcméon, & vous versez des larmes!
Que je crains qu'en secret une fatale erreur !...

ÉRIPHILE.

Ah! que jamais l'amour ne rentre dans mon cœur!
Il m'en a trop coûté : que ce poison funeste,

De mes jours languiſſans, n'accable plus le reſte !
Jours toujours malheureux, vous ne fûtes remplis
Qu'à pleurer mon époux, qu'à regretter mon fils :
Leur ſouvenir fatal à toutes mes promeſſes.....
Malheureuſe, eſt-ce à toi d'éprouver des faibleſſes !
Ce cœur plein d'amertume, eſt-il fait pour aimer !
Ah ! le ſeul Hermogide avait ſu me charmer.

Z É L O N I D E.

Pourquoi donc, à ſon nom, redoublez-vous vos
    plaintes ?
Pardonnez à mon zele, & permettez mes craintes :
Songez que ſi l'amour décidait aujourd'hui.....

É R I P H I L E.

Non ce n'eſt point l'amour qui m'entraîne vers lui :
Non, un Dieu plus puiſſant me contraint à me ren-
    dre :
L'amour n'eſt point ſi pur, l'amour n'eſt point ſi
    tendre :
Non ; plus je m'examine, & plus j'oſe approuver
Les ſentimens ſecrets qui m'ont ſu captiver.
Ce n'eſt point par les yeux que mon ame eſt vaincue.
Ne crois pas qu'à ce point, de mon rang deſcendue,
Écoutant de mes ſens le charme empoiſonneur,
Je donne à la beauté le prix de la valeur.

Je chéris la vertu ; j'aime ce que j'admire.

ZÉLONIDE.

Eh quoi ! vous oſériez le nommer à l'empire ? (*)

ÉRIPHILE.

Peut-être entre ſes mains le ſceptre étant remis
Deviendrait reſpectable à nos Dieux ennemis.
Mais une loi plus ſimple & m'éclaire & me guide :
Je chéris Alcméon, je déteſte Hermogide ;
Et je vais rejetter en ce funeſte jour ,
Les conſeils de la haine & la voix de l'amour.
Nature ; dans mon cœur ſi long-temps combattue ,
Sentimens partagés d'une mere éperdue ,
Tendre reſſouvenir d'amour de mon devoir ,
Reprenez ſur mon ame un abſolu pouvoir.
Moi, régner ! moi, bannir l'héritier véritable !
Le ſceptre enſanglanté peſe à ma main coupable.
Réparons tout ; allons.... Et vous , Dieux , dont je
    fors ,

(*) Préférer à des rois un ſimple citoyen ?
Déshonorer le trône ?

      ÉRIPHILE.

        Il en eſt le ſoutien :
Et le ſang dont il eſt , fût-il plus vil encore ,
Je ne vois point de rang qu'Alcméon déshonore.

Pardonnez des forfaits moindres que mes remords !

ZÉLONIDE.

Madame, quelqu'un vient.

ÉRIPHILE.

O Dieux ! c'est Hermogide !

SCENE V.

ÉRIPHILE, HERMOGIDE, ZÉLONIDE,
EUPHORBE.

HERMOGIDE.

Madame, je sens trop le transport qui vous
   guide :
Je vois que votre cœur sait peu dissimuler :
Mais les momens sont chers ; & je dois vous parler.
Souffrez de mon respect un conseil salutaire.
Votre destin dépend du choix qu'il vous faut faire.
Je ne viens point ici rappeller des sermens
Dictés par votre pere, effacés par le temps :
Mon cœur, ainsi que vous, doit oublier, madame,

Les jours infortunés d'une inutile flamme ;
Et je rougirais trop, & pour vous, & pour moi,
Si c'était à l'amour à nous donner un roi.
Un fentiment plus digne & de l'un & de l'autre
Doit gouverner mon fort & commander au vôtre.
Vos aïeux & les miens, les Dieux dont nous fortons:
Cet état périffant, fi nous nous divifons ;
Le fang qui nous a joints ; l'intérêt qui nous lie,
Nos ennemis communs ; l'amour de la patrie ;
Votre pouvoir, le mien, tous deux à redouter ;
Ce font-là les confeils qu'il vous faut écouter.
Banniffez pour jamais un fouvenir funefte :
Le préfent nous appelle ; oublions tout le refte :
Le paffé n'eft plus rien. Maître de l'avenir,
Le grand art de régner doit feul nous réunir.
Les plaintes, les regrets, les vœux font inutiles: (*)
C'eft par la fermeté qu'on rend les Dieux faciles.
Ce fantôme odieux qui vous trouble en ce jour, (†)

(*) Et pour un choix fi grand, j'attends de vous,
    Madame,
Les vertus d'un grand roi, non les pleurs d'une femme.

(†) Devons-nous redouter un fantôme odieux !
Vivant, je l'ai vaincu ; mort, eft-il dangereux !
D'un œil indifférent voyons ces vains prodiges :
Que peuvent contre nous les morts & leurs preftiges !

Qui naquit de la crainte & l'enfante à son tour,
Doit-il nous alarmer par tous ses vains prestiges !
Pour qui ne les craint point il n'est point de prodiges.
Ils font l'appas grossier des peuples ignorans :
L'invention du fourbe, & le mépris des grands.
Pensez en roi, madame ; & laissez au vulgaire,
Des surperstitions, le joug imaginaire.

ÉRIPHILE.

Quoi, vous !.....

HERMOGIDE.

Encore un mot, madame, & je me tais,
Le seul bien de l'état doit remplir vos souhaits.
Vous n'avez plus les noms & d'épouse & de mere;
Le ciel vous honora d'un plus grand caractere ;
Vous régnez:mais songez qu'Argos demande un roi:
Vous avez à choisir, vos ennemis ou moi :
Moi, né près de ce trône ;.& dont la main san-
glante:
A soutenu quinze ans sa grandeur chancelante :
Moi, dis-je,où l'un des rois sans force & sans appui,
Que mon lieutenant seul a vaincus aujourd'hui.
Je me connais ; je sais que, blanchi sous les armes,
Ce front triste & sévere a pour vous peu de charmes :
Je sais que vos appas, encor dans leur printemps,

Devraient s'effaroucher de l'hiver de mes ans :
Mais la raison d'état connaît peu les caprices :
Et de ce front guerrier les nobles cicatrices
Ne peuvent se couvrir que du bandeau des rois.
Vous connaissez mon rang, mes attentats, mes
    droits :
Sachant ce que j'ai fait, & voyant où j'aspire,
Vous me devez, madame, ou la mort ou l'empire.
Quoi ! vos yeux sont en pleurs, & vos esprits trou-
    blés ! ...

É R I P H I L E.

Non, seigneur, je me rends : mes destins sont réglés :
On le veut ; il le faut ; ce peuple me l'ordonne :
C'en est fait ; à mon sort, seigneur, je m'abandonne.
Vous, lorsque le soleil descendra dans les flots,
Trouvez-vous dans le temple avec les chefs
    d'Argos.
A mes aïeux, à vous, je vais rendre justice ;
Et prétends qu'à mon choix l'univers applaudisse :
Et vous pourrez juger si ce cœur abattu
Sait conserver la gloire & connaît la vertu.

H E R M O G I D E.

Mais, madame, voyez.....

ÉRIPHILE.

Dans mon inquiétude,
Mon esprit a besoin d'un peu de solitude :
Mais, jusqu'à ces momens que mon ordre a fixés,
Si je suis reine encor, seigneur obéissez.

SCENE VI.

HERMOGIDE, EUPHORBE.

HERMOGIDE.

DEmeure. Ce n'est pas au gré de son caprice
Qu'il faut que ma fortune & que mon sort fléchisse :
Et je n'ai pas versé tout le sang de mes rois
Pour dépendre aujourd'hui du hasard de son choix.
Parle ; as-tu disposé cette troupe intrépide ;
Ces compagnons hardis du destin d'Hermogide ?
Contre la reine même osent-ils me servir ?

EUPHORBE.

Pour vos intérêts seuls ils sont prêts à périr.

HERMOGIDE.

Je faurai me fauver du reproche & du blâme',
D'attendre, pour régner, les bontés d'une femme.
Je fus quinze ans fans maitre à ne pas obéir :
Le fruit de tant de foins eft lent à recueillir ;
Mais enfin l'heure approche ; & c'étoit trop at-
     tendre
Pour fuivre Amphiarus, ou régner fur fa cendre,
Mon deftin fe décide : & , fi le premier pas
Ne m'éleve à l'empire , il m'entraine au trépas,
Entre le trône & moi tu vois le précipice :
Allons ; que ma fortune y tombe , ou le franchiffe.

Fin du fecond Acte.

ACTE III.

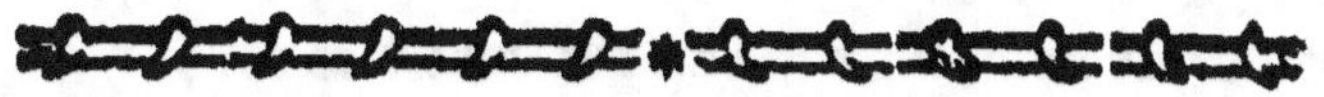

SCÈNE PREMIÈRE.

HERMOGIDE, EUPHORBE.

HERMOGIDE.

Enfin donc voici l'heure où, dans le temple
même,
La reine, avec sa main, donne le diadême !
Euphorbe, ou je me trompe, ou de bien des hor-
reurs
Ces dangereux momens font les avant-coureurs.

EUPHORBE.

Polémon, de sa part, flatte votre espérance.

HERMOGIDE.

Polémon veut en vain tromper ma défiance.

EUPHORBE.

Eh ! qui choiſir, que vous ! Cet empire aujourd'hui
Demande un bras puiſſant qui lui ſerve d'appui.... .
Que dis-je ! Vous aimez ; & jamais tant de flamme...

HERMOGIDE.

Moi ! Que cette faibleſſe ait amolli mon ame !
Hermogide amoureux ! Ah ! qui veut être roi,
On n'eſt pas fait pour l'être, ou n'aime rien que ſoi.
A la reine engagé, je pris ſur ſa jeuneſſe
Cet heureux aſcendant que les ſoins, la ſoupleſſe,
L'attention, le temps, ſavent ſi bien donner
Sur un cœur ſans deſſein, facile à gouverner :
Le bandeau de l'amour & l'art trompeur de plaire,
De mes vaſtes deſſeins, ont voilé le myſtere :
Mais de tout temps, crois moi, la ſoif de la gran-
    deur
Fut le ſeul ſentiment qui régna dans mon cœur.

EUPHORBE.

Tout vous portait au trône ; & les vœux de l'armée,
Et la voix de ce peuple & de la renommée,
Et celle de la reine en qui vous eſpériez.

HERMOGIDE.

Par quels funeſtes nœuds nos deſtins ſont liés !
Son époux & ſon fils, privés de la lumiere,

Du trône à mon courage entr'ouvraient la barriere,
Quand la main de nos Dieux la ferma sous mes pas.
Je sais que j'eus les vœux du peuple & des soldats;
Mais la voix de ces Dieux, ou plutôt de nos prêtres,
M'a dépouillé quinze ans du rang de mes ancêtres.
Il fallut succomber aux superstitions, (*)
Qui sont bien plus que nous les rois des nations;
Et le zele aveuglé d'un peuple fanatique
Fut plus fort que mon bras & que ma politique.

EUPHORBE.

En faveur de vos droits ce peuple enfin s'unit :
Du trône devant vous le chemin s'applanit.
Argos, par votre main fait à la servitude,
Long-temps de votre joug prit l'heureuse habitude.
Nos chefs feront pour vous :

HERMOGIDE.

Je compte sur leur foi,

(*) Tel est l'esprit du peuple endormi dans l'erreur :
Un prodige apparent, un pontife en fureur,
Un oracle, une tombe, une voix fanatique
Sont plus forts que mon bras & que ma politique :
Il fallut obéir aux superstitions,
Qui sont bien plus que nous les rois des nations,
Et, loin de les braver, *qui même* avec adresse
De ce peuple aveuglé caressa la faiblesse.

Tant que leur intérêt les peut joindre avec moi.

L'un d'eux, je l'avouerai, me trouble & m'impor-
    tune:

Son destin qui s'éleve étonne ma fortune:

Je le crains malgré moi.

EUPHORBE.

            Quoi, le jeune Alcméon,

Ce soldat qui vous doit sa grandeur & son nom?

HERMOGIDE.

Oui : ce fils de Théandre, & qui fut mon ouvrage ;

Qui, sous moi, de la guerre a fait l'apprentissage ;

Maître de trop de cœurs à mon char arrachés,

Au bonheur qui le suit les a tous attachés.

Par ses heureux exploits ma grandeur est ternie ;

Son ascendant vainqueur impose à mon génie :

Son seul aspect ici commence à m'alarmer :

Je le hais d'autant plus qu'il sait se faire aimer :

Que, des peuples séduits, l'estime est son partage:

Sa gloire m'avilit & sa vertu m'outrage.

Je ne sais, mais le nom de ce fier citoyen,

Tout obscur qu'il est, semble égaler le mien :

Et moi, près de ce trône où je dois seul prétendre,

J'ai lassé ma fortune à force de l'attendre.

Mon crédit, mon pouvoir adorés si long-temps,

N'eſt qu'un coloſſe énorme ébranlé par les ans,
Qui penche vers ſa chûte ; & dont le poids immenſe
Veut, pour ſe ſoutenir, la ſuprême puiſſance. (*)
Mais du moins en tombant je ſaurai me venger.

E U P H O R B E.

Eh, que prétendez-vous ?

H E R M O G I D E.

Ne plus rien ménager :
Déchirer, s'il le faut, le voile heureux & ſombre
Qui couvrit juſqu'ici mes projets de ſon ombre :
Les juſtifier tous par un nouvel effort ;

(*) Crois-tu que d'Alcméon l'orgueil préſomp-
    tueux
Juſqu'à ce rang auguſte osât porter ſes vœux ?
Penſes-tu qu'il aſpire à l'hymen de ta reine ?
E U P H O R B E.
Il n'aura point ſans doute une audace ſi vaine.
Mais, ſeigneur, cependant.... ſavez-vous qu'au-
    jourd'hui
Ériphile en ſecret a vu Théandre & lui ?
Qu'elle les a quittés les yeux baignés de larmes ?
H E R M O G I D E.
Tout m'eſt ſuſpect de lui ; tout me remplit d'alarmes :
Ce ſeul moment encore il faut la ménager :
Dans un moment je regne, & je vais me venger ;
Tout va ſentir ici mon pouvoir & ma haine ;
Je ſaurai.... Mais on entre, & j'apperçois la reine.

Par un triomphe illustre, ou la plus belle mort ;
Et , dans le défespoir où je vois qu'on m'entraîne ,
Ma fureur.... Mais on entre , & j'apperçois la reine.

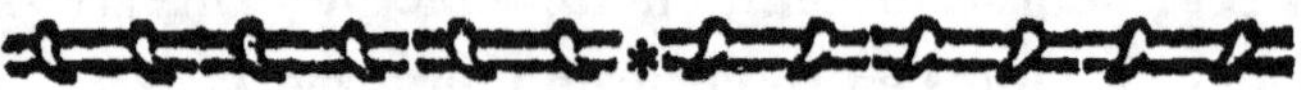

SCENE II.

ÉRIPHILE, ALCMÉON, HERMOGIDE,
POLÉMON , EUPHORBE , Chœur des Argiens.

POLÉMON.

Oui ; ce peuple , madame, & les chefs & les rois
Sont prêts à confirmer , à chérir votre choix ;
Et je viens en leur nom , préfenter leur hommage
A votre heureux époux , leur maître & votre ou-
  vrage.
Ce jour va , de la Grece , affurer le repos.
ÉRIPHILE.
Vous , chefs qui m'écoutez ; & vous , peuples
  d'Argos ,
Qui venez en ces lieux reconnaître l'empire
Du nouveau fouverain que ma main doit élire ,
Je n'ai point à choifir , je n'ai plus qu'à quitter

Un sceptre que mes mains n'auraient pas dû porter.
Votre maître est vivant ; mon fils respire encore.
Ce fils infortuné, qu'à sa premiere aurore,
Par un trépas soudain, vous crûtes enlevé,
Par l'esclave Corebe en secret élevé,
Fut porté, fut nourri dans l'enceinte sacrée,
Dont le ciel à mon sexe a défendu l'entrée ;
Dans ces terribles lieux qu'ont souvent habité
Ces Dieux vengeurs, ces Dieux dont je tiens la
    clarté.
C'est-là qu'avec Corebe enfermé dès l'enfance,
Mon fils, de son destin, n'eut jamais connaissance.
Mon amour maternel, timide & curieux,
A cent fois sur sa vie interrogé les Dieux :
Ou leur voix ma trompée, ou le prince respire.
Je remets dans ses mains mes jours & mon empire,
Je sais trop que le Dieu, maître éternel des Dieux,
Jupiter, dont l'oracle est présent en ces lieux,
Me prédit, m'assura que ce fils sanguinaire
Porterait le poignard dans le sein de sa mere.
Puisse aujourd'hui, grand Dieu ! l'effort que je me
    fais !
Vaincre l'affreux destin qui l'entraîne aux forfaits!
Oui, peuple, je le veux ; oui, le roi va paraître :
                      Je

Je vais, à le montrer, obliger le Grand-Prêtre :
Ce fecret au grand jour va briller aujourd'hui :
J'ai fait chercher ce prince & Corebe avec lui.
Dans l'état où je fuis il n'eft rien que je craigne :
Qu'on me rende mon fils ; qu'il m'immole ; qu'il
  regne.

HERMOGIDE.

Peuple, chefs, il faut donc m'expliquer à mon
  tour ;
L'affreufe vérité va donc paraître au jour.
Ce fils qu'on redemande afin de mieux m'exclure,
Cet enfant dangereux, l'horreur de la nature,
Né pour le parricide, & dont la cruauté
Devait verfer le fang du fein qui l'a porté,
Ce fils n'eft plus : les Dieux ont prévenu fon crime.

ÉRIPHILE.

O ciel !

HERMOGIDE.

En ces lieux même on frappa la victime :
Et Corebe & le prince ont ici leur tombeau ! (*)

____

(*) Il fallait étouffer ce monftre en fon berceau :(†)
Celui qui l'élevait le fuivit au tombeau :
Dans leurs flancs malheureux je plongeai ce fer
  même

H

Il fallut étouffer ce monstre en son berceau :

A la reine, à l'état son sang fut nécessaire :

Les Dieux le demandaient ; je servis leur colere ;

(*au peuple.*)

Et, si ce sang coupable a coulé sous mes coups, (**)

Qu'Amphiarus reçut avec le diadême.
La reine qui m'entend, & que je vois frémir,
Ne doit qu'à moi le jour qu'un fils dût lui ravir.
Mais, après cet aveu nécessaire & funeste,
Il faut, de mon secret, vous déclarer le reste.
Ce trône étoit à moi : ce rang des demi-Dieux,
Défendu par mon bras, fondé par mes aïeux,
Cent fois teint de mon sang, n'attend que moi pour
　　maitre :
Issu du sang des rois, je vais périr ou l'étre.
Amis, suivez mes pas. J'attendrai mon destin,
Le diadême au front, & le fer à la main.

Autre leçon.

(†) Et le prince & Corebe ont ici leur tombeau :
J'étouffai malgré moi ce monstre en son berceau ;
J'enfonçai dans ses flancs cette royale épée
Par son pere autrefois sur moi-même usurpée ;
Et, soit décret des Dieux, soit pitié, soit horreur,
Je ne pus de son sein tirer le fer vengeur.
Sa dépouille sanglante, en mes mains demeurée,
Dè cette mort si juste est la preuve assurée.
La reine, qui m'entend, & que je vois frémir,
Me doit au moins le jour qu'un fils dût lui ravir.

(**) Et vous, si vous osez douter de son destin,

J'ai prodigué le mien pour la Grece & pour vous :
Argos m'en doit le prix : & , puifqu'il veut un
    maitre ,
Seul defcendant des rois , je vais périr ou l'être.
Je vous ai tous fervis : ce rang des demi-Dieux ,
Défendu par mon bras , fondé par mes aïeux ,
Cent fois teint de mon fang , doit être mon partage :
Je l'attendrai de vous , de moi , de mon courage ,
De ces Dieux dont je fors & qui feront pour moi.
Amis , fuivez mes pas , & fervez votre roi.

SCENE III.

ÉRIPHILE, POLÉMON , ALCMÉON , Chœur.

ÉRIPHILE.

OU fuis-je? De quels traits le crüel m'a frappée !
Mon fils ne ferait plus ! Dieux, vous m'auriez
    trompée !

Sachez que fa dépouille eft encore en ma main.
J'attefte mes aïeux , & le jour qui m'éclaire ,
Que j'immolai le fils pour conferver la mere.

(*à Polémon.*)

Et vous, que j'ai chargé de rechercher son sort?...

POLÉMON.

On l'ignore en ce temple ; & sans doute il est mort.

ALCMÉON.

Reine, c'est trop souffrirqu'un monstre vous outrage:
Confondez son orgueil, & punissez sa rage ;
Tous vos guerriers sont prêts; permettez que mon
    bras....

ÉRIPHILE.

Es-tu lasse, fortune ; est-ce assez d'attentats !
Chere ombre de mon fils... & toi cendre sacrée,
Cendre de mon époux, de vengeance altérée,
Mânes sanglans, faut-il que votre meurtrier
Regne sur votre tombe, & soit votre héritier !
Le temps, le péril presse : il faut donner l'empire.
Un Dieu, dans ce moment, un Dieu parle & m'ins-
    pire :
Je cede. Je ne puis, dans ce jour de terreur,
Résister à la voix qui s'explique à mon cœur :
C'est vous, maitre des rois & de la destinée,
C'est vous qui me forcez à ce grand hyménée....
Alcméon, de ces Dieux secondez le courroux....
Seigneur..... vengez mon fils, & le trône est à vous.

ALCMÉON.

Grande reine, est-ce à moi que cet honneur insi-
    gne?...

ÉRIPHILE

Ah! quel roi dans la Grece en serait aussi digne!
Ils n'ont que des aïeux; vous avez des vertus:(*)
Ils font rois; mais c'est vous qui les avez vaincus.
C'est vous que le ciel nomme, & vous m'allez dé-
    fendre :
C'est vous qui, de mon fils, allez venger la cendre,
Peuple, voilà le roi si long-temps attendu ;
Qui seul vous défendit ; qui seul vous était dû :
Ce vainqueur de deux rois, prédit par les Dieux
    même :
Qu'il soit digne à jamais de ce saint diadéme :
Que je retrouve en lui les Dieux qu'on m'a ravis ;
Votre appui ; votre roi; mon époux & mon fils

(*) Et, près de vous, enfin que font-ils à mes yeux?
Vous avez des vertus ; ils n'ont que des aïeux.
J'ai besoin d'un vengeur, & non pas d'un vain titre:
Régnez ; de mon destin soyez l'heureux arbitre.

SCENE IV.

ÉRIPHILE, ALCMÉON, POLÉMON, THÉANDRE, Chœur.

THÉANDRE.

Que faites-vous, madame; & qu'allez-vous
    résoudre?
Le jour fuit, le ciel gronde: entendez-vous la fou-
    dre?
De la tombe du roi le pontife a tiré (*)
Un fer que sur l'autel ses mains ont consacré.
Sur l'autel à l'instant ont paru les furies:
Les flambeaux de l'hymen font dans leurs mains
    impies.
Tout le peuple tremblant, dans la cendre couché,
Baisse un front immobile à la terre attaché.

(*) Le temple en a tremblé; l'autel en est détruit,
Amphiarus paraît: de l'éternelle nuit
Il vient couvert de sang; il conduit les furies.

ÉRIPHILE.

Jufqu'où veux-tu pouffer ta fureur vengereffe ,
O ciel ! peuples, rentrez. Théandre, qu'on me laiffe.
Quel jufte effroi faifit mes efprits égarés !
Quel jour pour un hymen !

SCENE V.

ÉRIPHILE, ALCMÉON.

ÉRIPHILE.

AH ! feigneur, demeurez !
Eh quoi, je vois les Dieux, les enfers, & la terre
S'élever tous enfemble, & m'apporter la guerre !
Mes ennemis, les morts, contre moi déchaînés ,
Tout l'univers m'outrage, & vous m'abandonnez !

ALCMÉON.

Je vais périr pour vous ; ou punir Hermogide :
Vous fervir, vous venger, vous fauver d'un perfide.

ÉRIPHILE.

Je vous faifais fon roi ; mais hélas... mais, feigneur...

Arrêtez; connaissez mon trouble & ma douleur:(*)

L'effroi, la mort, le sang; le crime m'environne:

J'ai cru les écarter en vous plaçant au trône :

J'ai cru même appaiser ces mânes en courroux ;

Ces mânes soulevés de mon premier époux.

Hélas ! combien de fois, de mes douleurs pressée,

Quand le sort de mon fils accablait ma pensée,

Et qu'un léger sommeil venait enfin couvrir

Mes yeux trempés de pleurs & lassés de s'ouvrir,

Combien de fois les Dieux ont semblé me prescrire

De vous donner ma main, mon cœur & mon em-
       pire !

Mais, dans ce même instant par eux déterminé,

Où vous montez au trône à mon fils destiné,

Le ciel & les enfers alarment mon courage :

Je vois les Dieux armés condamner leur ouvrage:

Et vous seul m'inspirez plus d'horreur & d'effroi

Que le ciel & les morts irrités contre moi.

Je tremble en vous donnant ce sacré diadême :

Ma bouche, en frémissant, prononce je vous aime:

D'un pouvoir inconnu l'invincible ascendant

M'entraîne ici vers vous, m'en repousse à l'instant ;

(*) Voyez mon désespoir, & connaissez mon
    cœur,

Et, par un sentiment que je ne puis comprendre,
Mêle une horreur affreuse à l'amour le plus tendre.

ALCMÉON.

Quels momens ! quel mélange, ô Dieux qui m'é-
    coutez,
D'étonnement, de trouble, & de félicités !
L'orgueil de vous aimer, le bonheur de vous plaire,
Vos terreurs, vos bontés, la céleste colere,
Tant de biens, tant de maux, me pressent à la fois,
Que mes sens accablés succombent sous leur poids.
Quoiqu'ébloui du rang que vos bontés m'apprêtent,
C'est sur vos seuls dangers que mes regards s'arrê-
    tent.
C'est pour vous délivrer de ce péril nouveau,
Que votre époux lui-même a quitté son tombeau.
Vous avez, d'un barbare, entendu la menace :
Où ne peut point aller sa criminelle audace !
Souffrez qu'au palais même assemblant vos soldats,
J'assure au moins vos jours contre ses attentats :
Que, du peuple étonné, j'appaise les alarmes :
Que, prêts au moindre bruit, mes amis soient en
    armes.
C'est en vous défendant que je dois mériter
Le trône où votre choix m'ordonne de monter.

H 5

É R I P H I L E.

Allez. Je vais au temple, où d'autres sacrifices
Pourront rendre les Dieux à nos vœux plus pro-
     pices :
Ils ne recevront point d'un regard de courroux
Un encens que mes mains n'offriront que pour vous.

Fin du troisieme Acte.

ACTE IV.

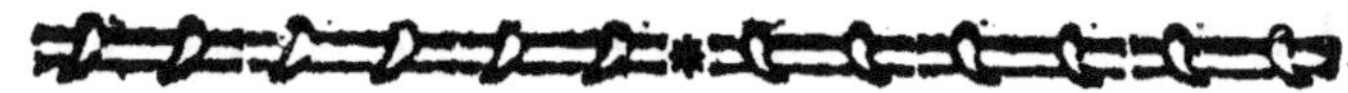

SCENE PREMIERE.

ALCMÉON, THÉANDRE.

ALCMÉON.

TOut eſt en ſûreté ; le palais eſt tranquille ;
Et je réponds du peuple, & ſur-tout d'Ériphile.

THÉANDRE.

Penſez plus au péril dont vous êtes preſſé :
Il eſt rival & prince, & de plus offenſé :
Il ſonge à la vengeance ; il la jure, il l'apprête.
J'entends gronder l'orage autour de votre tête.
Son rang lui donne ici des ſoutiens trop puiſſans ;
Et ſes heureux forfaits lui font des partiſans.
Cette foule d'amis, qu'à force d'injuſtices.....

H 6

ALCMÉON.

Lui des amis, Théandre! Il n'a que des complices,
Plus prêts à le trahir que prompts à le venger :
Des cœurs nés pour le crime & non pour le danger.
Je compte sur les miens : la guerre & la victoire
Nous ont long-temps unis par les nœuds de la gloire :
Avant que tant d'honneurs sur ma tête amassés
Traînassent après moi des cœurs intéressés :
Ils sont tous éprouvés, vaillans, incorruptibles!
La vertu qui nous joint nous rend tous invincibles!
Leurs bras victorieux m'aideront à monter
A ce rang qu'avec eux j'appris à mériter.
Mon courage a franchi cet intervalle immense
Que met, du trône à moi, mon indigne naissance.
L'hymen va me payer du prix de ma valeur :
Je ne vois qu'Ériphile, un sceptre, & mon bon-
    heur.

THÉANDRE.

Mais ne craignez-vous point ces prodiges funestes,
Qu'étalent à vos yeux les vengeances célestes?
Ces tremblemens soudains, ces spectres menaçans,
Ces morts, dont le retour est l'effroi des vivans?
D'une timide main ces victimes frappées
Au fer qui les poursuit dans le temple échappées?

Ce silence des Dieux , garant de leur courroux ?
Tout me fait craindre ici : tout m'afflige pour vous.
Du ciel qui nous poursuit la vengeance obstinée
Semble se déclarer contre votre hyménée.

ALCMÉON.

Mon cœur fut toujours pur , il honora les Dieux ::
J'espere en leur justice ; & je ne crains rien d'eux.
De quel indigne effroi ton ame est-elle atteinte !
Ah ! les cœurs vertueux sont-ils nés pour la crainte !
Mon orgueilleux rival ne saurait me troubler :
Tout chargé de forfaits , c'est à lui de trembler.
C'est sur ses attentats que mon espoir se fonde ;
C'est lui qu'un Dieu menace:&, si la foudre gronde,
La foudre me rassure ; & le ciel que tu crains,
Pour le mieux écraser , la mettra dans mes mains.

THÉANDRE.

Le ciel n'a pas toujours puni les plus grands crimes,
Et frappe quelquefois d'innocentes victimes.
Amphiarus fut juste ; & vous ne savez pas
Par quelles mains le ciel a permis son trépas.

ALCMÉON.

Hermogide ? . . .

THÉANDRE.

Souffrez que , laissant la contrainte,

Seigneur, un vieux soldat vous parle ici sans feinte.

ALCMÉON.

Tu sais combien mon cœur chérit la vérité..

THÉANDRE.

Je connais, de ce cœur, toute la pureté.

Des héros de la Grece imitateur fidele,

Vous jurez aux forfaits une guerre éternelle :

Vous vous croyez, seigneur, armé pour les ven-

ger :

Gardez de les défendre & de les protéger.

ALCMÉON.

Comment, que dites-vous !

THÉANDRE.

     Vous êtes jeune encore,

A peine aviez-vous vu votre premiere aurore,

Quand le roi malheureux descendit chez les morts :

Peut-être ignorez-vous ce qu'on disait alors,

Et de la cour du roi quel fut l'affreux langage ?

ALCMÉON.

Eh bien ?

THÉANDRE.

   Je vais vous faire un trop sensible outrage,

Mais je vous trahirais à le dissimuler :

Je vous tiens lieu de pere ; & je dois vous parler.

ALCMÉON.

Eh bien, que disait-on ? Acheve.

THÉANDRE.

Que la reine
Avait lié son cœur d'une barbare chaîne :
Qu'au coupable Hermogide elle promit sa main :
Et jusqu'à son époux conduisit l'assassin.

ALCMÉON.

Rends grace à l'amitié qui, pour toi, m'intéresse :
Si tout autre que toi soupçonnait la princesse ;
Si quelque audacieux avait pu l'offenser....
Mais que dis-je ! Toi même as-tu pu le penser ?
Peux-tu me présenter ce poison que l'envie
Répand aveuglément sur la plus belle vie ?
J'ai peu connu la cour ; mais la crédulité
Aiguise ici les traits de la malignité.
Les oisifs courtisans, que les chagrins dévorent,
S'efforcent d'obscurcir les astres qu'ils adorent.
Là, si vous en croyez leur coup d'œil pénétrant,
Tout ministre est un traître ; & tout prince un tyran :
L'hymen n'est entouré que de feux adulteres ;
Le frere, à ses rivaux, est vendu par ses freres ;
Et, si-tôt qu'un grand roi penche sur son déclin,
Ou son fils ou sa femme ont hâté son destin.

Je hais , de ces foupçons , la barbare impudence :
Je crois que, fur la terre, il eft quelque innocence :
Et mon cœur , repouffant ces fentimens cruels,
Aime à juger par lui du refte des mortels.
Qui croit toujours le crime, en paraît trop capa-
   ble.
A mes yeux, comme aux leurs, Hermogide eft cou-
   pable :
Lui feul a pu commettre un meurtre fi fatal :
Lui feul eft parricide.

THÉANDRE.

Il eft votre rival :
Vous écoutez, fur lui, vos foupçons légitimes :
Vous trouvez du plaifir à détefter fes crimes ;
Mais un objet plus cher....

ALCMÉON.

Ah ! ne l'outrage plus ;
Et garde le filence , ou vante fes vertus.

SCENE II.

**ÉRIPHILE , Suite , ALCMÉON , THÉANDRE ,
ZÉLONIDE.**

ÉRIPHILE.

Roi d'Argos, paraiſſez ; & portez la couronne :
Vos mains l'ont défendue ; & mon cœur vous la
    donne.
Je ne balance plus ; je mets ſous votre loi
L'empire d'Inachus ; & vos rivaux ; & moi.
J'ai fléchi , de nos Dieux , les redoutables haines.
Leurs vertus ſont en vous ; leur ſang coule en mes
    veines :
Et jamais ſur la terre on n'a formé des nœuds
Plus chers aux immortels , & plus dignes des cieux.

ALCMÉON.

Ils liſent dans mon cœur ; ils ſavent que l'empire
Eſt le moindre des biens où mon courage aſpire.
Puiſſe tomber ſur moi leurs plus funeſtes traits ,
Si ce cœur infidele oubliait vos bienfaits !

Ce peuple qui m'entend, & qui m'appelle au temple,
Me verra commander pour lui donner l'exemple;
Et, déja par mes mains inftruit à vous fervir,
N'apprendra de fon roi qu'à vous mieux obéir.

ÉRIPHILE.

Enfin la douce paix vient raffurer mon ame:
Dieux, vous favorifez une fi pure flamme:
Vous ne rejettez point mon encens & mes vœux!
Suivez mes pas, entrons.

(*Le temple s'ouvre; l'ombre d'Amphiarus*
paraît dans une pofture menaçante.)

L'OMBRE D'AMPHIARUS.

Arrête, malheureux.

ÉRIPHILE.

Amphiarus! O ciel, où fuis-je!

ALCMÉON.

Ombre fatale
Quel Dieu te fait fortir de la nuit infernale?
Quel eft le fang qui coule, & quel es-tu? (*)

(*) Que viens-tu m'annoncer? Quels traits affreux
    de fang
Dégouttent fur le marbre, & coulent de ton flanc!
Rompts le filence, ô mort ou propice ou funefte!
Apportes-tu la haine ou la faveur célefte?
Explique-toi : ce cœur qui ne fait point trembler

L' O M B R E.

Ton roi.

Si tu prétends régner , arrête, obéis-moi.

A L C M É O N.

Eh bien, mon bras est prêt ; parle, que faut-il faire?

L' O M B R E.

Me venger sur ma tombe.

A L C M É O N.

Eh , de qui ?

L' O M B R E.

(*Le temple se referme.*)   De ta mere.

A L C M É O N.

Ma mere ! Que dis-tu ! Quel oracle confus ! . . .
Mais l'enfer le dérobe à mes yeux éperdus :
Les Dieux ferment leur temple.

T H É A N D R E.

O prodige effroyable !

Mérite que , du moins , tu daignes lui parler.

É R I P H I L E.

Quel regard formidable , & quel courroux l'anime !
Ciel , faut-il tant de fois me punir de mon crime !
Misérable !   (*Elle se laisse tomber sur sa confi-*
dente.)

A L C M É O N.

Ombre affreuse , eh , quelle es-tu?

ALCMÉON.

O d'un pouvoir funeste oracle impénétrable !

ÉRIPHILE.

A peine ai-je repris l'ufage de mes fens….
Quel ordre a prononcé ces horribles accens ?
De qui demande-t-il le fanglant facrifice ?

ALCMÉON.

Ciel ! peux-tu demander que ma mere périffe !
Madame, le deftin qui m'a trahi toujours
M'ôta dès mon berceau les auteurs de mes jours.
Théandre jufqu'ici m'a tenu lieu de pere :
Je ne fuis point fon fils ; & je n'ai plus de mere.

ÉRIPHILE.

Que prétendez-vous donc, mânes trop irrités ?

ALCMÉON.

Je commence à percer dans ces obfcurités :
Je commence à fentir que les deftins font juftes :
Que je n'étais point né pour ces grandeurs auguftes :
J'euffe été trop heureux. Mais ces mânes jaloux,
Du fein de ces tombeaux, s'élevent contre nous :
Préviennent votre honte ; & rompent l'hyménée
Dont s'offenfaient les Dieux de qui vous êtes née.

ÉRIPHILE.

Ah ! que me dites-vous ! hélas !

ALCMÉON.

Souffrez du moins
Que je puiffe un moment vous parler fans témoins.
Pour la derniere fois vous m'entendez peut-être !
Je vous avais trompée , & vous m'allez connaître.

ÉRIPHILE.

Sortez.... De toutes parts ai-je donc à trembler !
(*Théandre & la fuite fortent.*)

ALCMÉON.

Il n'eft plus de fecrets que je doive celer.
Connu par ma fortune & par ma feule audace ,
Je cachais aux humains le malheur de ma race ;
Mais je ne me repens , au point où je me voi ,
Que de m'être abaiffé jufqu'à rougir de moi :
Voilà ma feule tache & ma feule faibleffe.
J'ai craint tant de rivaux dont la maligne adreffe
A, d'un regard jaloux , fans ceffe examiné ,
Non pas ce que je fuis , mais de qui je fuis né :
Et qui , de mes exploits rabaiffant tout le luftre ,
Penfaient ternir mon nom quand je le rends illuftre :
J'ai cru que ce vil fang dans mes veines tranfmis ,
Plus pur par mes travaux , était d'affez grand prix ;
Et que , lui préparant une plus digne courfe ,
En le verfant pour vous , j'ennobliffais la fource.

Je fis plus : jufqu'à vous on me vit afpirer :
Et , rival de vingt rois , j'ofais vous adorer.
Ce ciel enfin, ce ciel m'apprend à me connaître :
Il veut confondre en moi le fang qui m'a fait naître:
La mort entre nous deux vient d'ouvrir fes tom-
      beaux :
Et l'enfer contre moi s'unit à mes rivaux :
Sous les obfcurités d'un oracle févere ,
Les Dieux m'ont reproché jufqu'au fang de ma
      mere.
Madame, il faut céder à leurs cruelles loix :
Alcméon n'eft pas fait pour fuccéder aux rois.
Victime d'un deftin que même encor je brave ,
Je ne m'en cache plus , je fuis fils d'un efclave.

É R I P H I L E.

Vous , feigneur !

A L C M É O N.

        Oui , madame ; & dans un rang fi bas
Souvenez-vous (*) qu'enfin je ne m'en cachai pas :
Que j'eus l'ame affez forte , affez inébranlable
Pour faire devant vous l'aveu qui vous accable :
Que ce fang dont les Dieux ont voulu me former,

      (*) du moins que je n'en rougis pas.

Me fit un cœur trop haut pour ne vous point aimer.

É R I P H I L E.

Un esclave!

A L C M É O N.

Une loi fatale à ma naissance,

Des plus vils citoyens, m'interdit l'alliance:

J'aspirai jusqu'à vous dans mon indigne sort:

J'ai trompé vos bontés; (‡) j'ai mérité la mort:

Mais, du rang que je perds & du cœur que j'adore,

Songez que mon rival est plus indigne encore:

Plus haï de nos Dieux; & qu'avec plus d'horreur

Amphiarus en lui verrait son successeur.

Madame, à mon aveu vous tremblez de répondre!

É R I P H I L E.

Quel soupçon, quelle horreur vient ici me con-
    fondre!

Un esclave!... son âge.... & ses augustes traits.....

Hélas! appaisez-vous, Dieux, vengeurs des forfaits!

O criminelle épouse; & plus coupable mere!

Alcméon, dans quel temps a péri votre pere?

Quel fut son nom? Parlez.

(‡) & suis digne de mort.

ALCMÉON.

            J'ignore encor le nom
Qui ferait votre honte & ma confusion.

ÉRIPHILE.

Mais comment mourut-il? Où perdit-il la vie?
En quel temps?

ALCMÉON.

          C'est ici qu'elle lui fut ravie,
Après qu'aux champs Thébains le célefte courroux
Eut permis le trépas du prince votre époux.

ÉRIPHILE.

O crime!

ALCMÉON.

       Hélas! ce fut dans ma plus tendre enfance
Qu'on m'enleva, dit-on, l'auteur de ma naissance,
Au pied de ce palais de tant de demi-Dieux,
D'où, jusques sur son fils, vous abaissiez les yeux.
Là, près du corps sanglant de mon malheureux
      pere,
Je fus laissé mourant dans la foule vulgaire
De ces vils citoyens, trifte rebut du fort,
Oubliés dans leur vie, inconnus dans leur mort.
Un prêtre de ces lieux, fauva mes deftinées:
Il renoua le fil de mes faibles années;

                           Théat

Théandre m'éleva . . . . le reste vous est dû :
Vous fites mes grandeurs, & l'orgueil m'a perdu.

ÉRIPHILE.

M'alarmerais-je en vain !...Mais cet oracle horri-
    ble, (*)
Le lieu, le temps, l'esclave...O ciel, est-il possible!
Qu'on cherche le Grand-Prêtre... Hélas déja les
    Dieux,
Soit pitié, soit courroux, l'amenent à mes yeux.

SCENE III.

ÉRIPHILE, ALCMÉON, LE GRAND-
PRÊTRE *une épée à la main.*

LE GRAND-PRÊTRE.

L'Heure vient ; armez-vous ; recevez cette
    épée : (†)
Jadis dans votre sein un traître l'a trempée :

(*) C'est trop m'inquiéter ; non, il n'est pas possible!
Quel trouble cependant, & quel moment terrible !
ou (Quoi, ce fut ici même! Ah, quel moment terrible!
   (Le lieu, le temps, l'oracle,...O Ciel, est-il possible!
(†) Quoi, le vainqueur d'Argos en ce temple s'ar-
   rête?

Allez, vengez Argos, Amphiarus & vous.

ÉRIPHILE.

Que vois-je ! c'est le fer que portait mon époux,
Ce fer sacré des rois, que ravit Hermogide :
Tout me retrace ici le crime & l'homicide.
La force m'abandonne à cet objet affreux.
Parle, qui t'a remis ce dépôt malheureux ?
Quel Dieu te l'a donné ? (*)

LE GRAND-PRÊTRE.

Le Dieu de la vengeance,
Voici ce même fer qui frappa votre enfance :
Qu'un cruel, malgré lui ministre du destin , (†)
Troublé par fes forfaits, laiffa dans votre fein.
Le Dieu qui dans fon crime épouvante l'impie,
Qui fit trembler fou bras, qui fauva votre vie,
Qui commande au trépas ouvre & ferme le flanc,
Venge un meurtre par l'autre , & le fang par le
　　fang ,

____

Armez-vous; l'heure vient; la vengeance s'apprête.
(*) Le Dieu dont l'œil perçant s'ouvre fur cet em-
　pire ;
Qui vous fauva par moi, qui vous parle & m'infpire.
(†) Ce fer, qui du roi même a tranché le deftin ;
Ce fer, que j'ai tiré fumant de votre fein.

M'ordonna de garder ce fer toujours funeſte,
Juſqu'à l'inſtant marqué par le courroux céleſte.
La voix, l'affreuſe voix qu ivient de vous parler,
Me conduit devant vous ; pour vous, me fait trem-
    bler.

É R I P H I L E.

Acheve, romps le voile , éclaircis le myſtere.
Son pere , cet eſclave ?...

L E G R A N D-P R Ê T R E.

          Il n'était point ſon pere:
Un ſang plus noble crie.

É R I P H I L E.

          Ah , ſeigneur ! Ah , mon roi !
Fils d'un héros !

A L C M É O N.

          Quels noms vous prodiguez pour moi !
ÉRIPHILE (*ſe jettant dans les bras de Zélonide.*)
Je ne puis achever ..... je me meurs , Zélonide !

L E G R A N D-P R Ê T R E à *Alcméon.*

Je laiſſe entre vos mains ce glaive parricide:
C'eſt un don dangereux. Puiſſe-t-il déſormais
Ne point ſervir, grands Dieux, à de plus grands
    forfaits !

I 2

SCENE IV.

ÉRIPHILE, ALCMÉON.

ÉRIPHILE.

EH bien, ne tarde plus; remplis ta deſtinée;
Porte le fer ſanglant ſur cette infortunée:
Étouffe dans mon ſang cet amour malheureux
Que dictoit la nature en nous trompant tous deux:
Punis ma cruauté ; venge la mort d'un pere :
Reconnais-moi, mon fils ; frappe, & punis ta mere.

ALCMÉON.

Moi, votre fils, grands Dieux !

ÉRIPHILE.

     C'eſt toi dont au berceau
Mon indigne faibleſſe a creuſé le tombeau :
Toi, le fils vertueux d'une mere homicide :
Toi, dont Amphiarus demande un parricide :
Toi, mon ſang, toi, mon fils, que le ſort en cou‑
  roux,
Sans ce prodige horrible, aurait fait mon époux.

ALCMÉON.

De quel coup ma raison vient d'être confondue !
Dieux, sur elle & sur moi puis-je arrêter la vue !
Je ne sais où je suis ! Dieux, qui m'avez sauvé ,
Reprenez tout le sang par vos mains conservé !
Est-il bien vrai, madame ? On a tué mon pere ;
Il veut votre supplice ; & vous êtes ma mere !

ÉRIPHILE.

Oui. Je fus sans pitié : sois barbare à ton tour ;
Et montre toi mon fils, en m'arrachant le jour.
Frappe... Mais quoi, tes pleurs se mêlent à mes
  larmes !
O mon cher fils !... O jour plein d'horreurs & de
  charmes !
Avant de me donner la mort que tu me dois,
De la nature encor laisse parler la voix :
Souffre au moins que les pleurs de ta coupable mere
Arrosent une main si fatale & si chere.

ALCMÉON.

Cruel Amphiarus ! Abominable loi !
La nature me parle, & l'emporte sur toi.
O ma mere !

   ÉRIPHILE *l'embrassant.*
   Mon fils, que le ciel me renvoie !
         I 3

Je ne méritais pas une si pure joie.

J'oublie & mes malheurs & jusqu'à nos forfaits ;

Ceux qu'un Dieu te commande ; & tous ceux que
         j'ai faits.

SCENE V.

ÉRIPHILE, ALCMÉON, ZÉLONIDE,
         THÉANDRE.

THÉANDRE.

Seigneur, en ce moment, l'insolent Hermogide,

Suivi jusqu'en ces lieux d'une troupe perfide,

La flamme dans les mains, assiege ce palais.

Déja tout est armé : déja volent les traits.

Nos gardes rassemblés, courent pour vous défendre

Le sang de tous côtés commence à se répandre.

Le peuple épouvanté, qui s'empresse & qui fuit,

Ne sait si l'on vous sert ou si l'on vous trahit.

ALCMÉON.

O ciel, voilà le sang que ta voix me demande !

La mort de ce barbare est ma plus digne offrande.

Reine, dans ces horreurs cessez de vous plonger :

Je suis l'ordre des Dieux, mais c'est pour vous
         venger.

Fin du quatrieme Acte.

ACTE V.

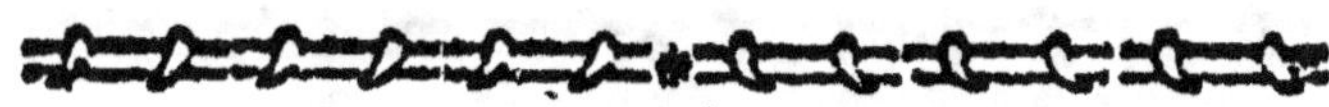

SCENE PREMIERE.

ALCMÉON, THÉANDRE, POLÉMON, Soldats.

ALCMÉON.

Vous trahirai-je en tout, ô cendres de mon pere!
Quoi, ce fier Hermogide a trompé ma colere !
Quoi, la nuit nous sépare ! & ce monstre odieux
Partage encor l'armée & le peuple & les Dieux !
Retranché dans ce temple, aux autels qu'il pro-
    fane,
Tranquille, il y jouit du ciel qui le condamne !
Allez.

POLÉMON.

Eh, qu'avez-vous, seigneur, à ménager ! (*)

____

(*) Achevez sa défaite, achevez vos projets ;
Venez, forcez ce traître.

I 4

Tous les lieux font égaux, quand il faut fe venger.
Vous régnez fur Argos.

ALCMÉON.

      Argos m'en eft plus chere ;
Avec le nom de roi je prends un cœur de pere.
Me faudra-t-il verfer dans mon regne naiffant,
Pour un feul ennemi, tant de fang innocent ?
Eft-ce à moi de donner le téméraire exemple
D'attaquer les Dieux même ; & de fouiller leur
   temple ?
Ils pourfuivent déja ce cœur infortuné
Qui protege contre eux le fang dont je fuis né.
Va, dis-je, Polémon, va: c'eft de ta prudence
Que ton maitre & le peuple attendent leur vengeance.
Agis, parle, promets : que fur-tout d'Alcméon
Il ne redoute point d'indigne trahifon :

ALCMÉON.

     Épargnons mes fujets.
Dès ce moment je regne ; &, de ce moment même,
Comptable aux citoyens de mon pouvoir fuprême,
Au péril de mon fang, je veux les épargner :
Je veux, en les fauvant, commencer à régner.
Je leur dois encor plus : je dois le grand exemple
De révérer les Dieux, & d'honorer leur temple.
Je ne foufrirai point que le fang innocent
Souille leur fanctuaire & mon regne naiffant.

Fais qu'il s'éloigne au moins de ce temple funeste ;
Rends-moi mon ennemi : mon bras fera le reste.

(*Polémon sort. A Théandre.*)

Et vous, de cette enceinte & de ces vastes tours
Avez-vous parcouru les plus secrets détours ?
Du palais de la reine a-t-on fermé les portes ?

THÉANDRE.

J'ai tout vu ; j'ai par-tout disposé vos cohortes ;
Cependant votre mere.....

ALCMÉON.

A-t-on soin de ses jours ?

THÉANDRE.

Ses femmes en tremblant lui prêtent leurs secours :
Elle a repris ses sens : son ame désolée
Sur ses levres encore à peine est rappellée :
Elle cherchait le jour, le revoit, & gémit ;
Elle vous craint, vous aime, elle pleure & frémit. (*)
Elle va préparer un secret sacrifice
A ces mânes sacrés armés pour son supplice.

____

(*) Ses yeux versent des pleurs, & tout son corps
    frémit :
Sa voix, par ses sanglots, long-temps interrompue,
Nomme encore Alcméon, redemande sa vue.
Son désespoir l'égare ; elle va s'enfermer.

I. 9

Suppliante & craintive, elle va s'enfermer
Au tombeau de ce roi qu'elle n'ose nommer,
De ce fatal époux, votre malheureux pere,
Hélas ! dont vous savez....

ALCMÉON.

Je sais qu'elle est ma mere.

THÉANDRE.

Les Dieux veulent son sang.

ALCMÉON.

Je ne l'ai point promis.
Cruels, tonnez sur moi, si je vous obéis !
Le malheur m'environne, & le crime m'assiege :
Je deviens parricide, & me rends sacrilege.
Quel choix, & quel destin !

THÉANDRE.

Dans un tel désespoir,
Quels conseils désormais pourriez-vous recevoir !

ALCMÉON.

Aucun. Quand le malheur & la honte est extrême,
Il ne faut prendre, ami, conseil que de soi-même.
Mon pere que veux-tu !... Chere ombre appaise
 toi ! (*)

(*) Chere ombre appaise-toi, prends pitié de ton
fils ;

Le nom facré de fils eft-il affreux pour moi !
Je t'entends, & ta voix m'appelle fur ta tombe.
De tous tes ennemis y veux-tu l'hécatombe ?
Tu demandes du fang... J'y cours...Attends ; choifis,
Ou le fang d'Hermogide, ou le fang de ton fils.

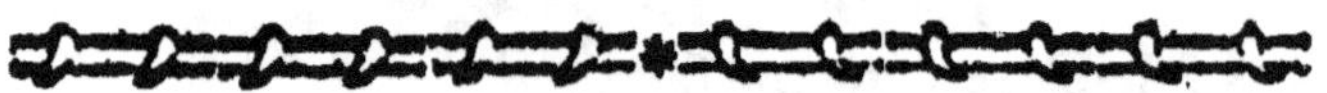

SCENE II.

ALCMÉON , THÉANDRE , POLÉMON.

ALCMÉON.

EH bien, l'as-tu revu cet ennemi farouche,
A lui parler d'accord as-tu forcé ta bouche ?
Peut-il bien fe réfoudre à me voir en ces lieux ,
Aux portes de ce temple, à l'afpect de ces Dieux,
Dans ce parvis facré , trop plein de fa furie,

Arme & foutiens mon bras contre tes ennemis :
Dans le fang d'Hermogide { étouffe / appaife } ta colere ;
Ne me fais point frémir de t'avouer pour pere.
Quoi, de tous les côtés plein d'horreur & d'effroi ,
Le nom facré de fils eft horrible pour moi !

J 6

Dans la place où lui-même attenta fur ma vie ?
Les Dieux le livrent-ils à ma jufte fureur ?
Sait-il ce qui fe paffe ?

POLÉMON.

Il l'ignore, feigneur..
Il ne foupçonne point quel fang vous a fait naître,
Il méprife fon prince, & méconnaît fon maître :
Furieux, implacable, à périr préparé ;
Et plus fier que le Dieu dans le temple adoré..
Mais enfin il confent de quitter cet afyle :
De vous entendre ici ; de revoir Ériphile :
Il veut qu'un nombre égal de chefs & de foldats,
Également armés, fuive de loin vos pas.
Il reçoit votre foi, qu'à regret je lui porte :
Il regle votre fuite, & nomme fon efcorte.

ALCMÉON.

Il va paraître ?

POLÉMON.

Il vient. Mais a-t-il mérité
Que vous lui conferviez tant de fidélité ?
Doit-on rien aux méchans ? Eh, quel refpect frivole
Expofe votre fang !

ALCMÉON.

J'ai donné ma parole.

ГOLÉMON.

A qui la tenez-vous, à ce perfide!

ALCMÉON.

A moi.

THÉANDRE.

Eh, que prétendez-vous?

ALCMÉON.

De me venger en roi.
Argos, à mes vertus, reconnaîtra son maître...
Mais près du temple, amis, ne vois-je pas le traî-
tre?

THÉANDRE.

Un Dieu poursuit ses pas, & le conduit ici:
Il entre en frémissant:

ALCMÉON.

Dieux vengeurs, le voici!

SCENE III.

HERMOGIDE *dans le fond* , ALCMÉON,
THÉANDRE, POLÉMON.

HERMOGIDE.

D'Où vient donc qu'en ces lieux je ne vois
point la reine ?
Quel silence ! Est-ce un piege où mon destin m'en-
traîne ?
Rien ne paraît. Un lâche a-t-il surpris ma foi ?
Qui, moi, craindre ! Avançons.

ALCMÉON.

Demeure, & connais-moi.
Vois-tu ce fer sacré ?

HERMOGIDE.

Que vois-je ! le fer même
Qu'Amphiarus reçut avec son diadême !

ALCMÉON.

Te souvient-il du sang dont l'a souillé ta main ?

HERMOGIDE.

Qu'ofes-tu demander?

ALCMÉON.

Malheureux affaffin ,

Quel efclave a percé ces mains de fang fumantes ?
Quel enfant innocent ? Eh quoi , tu t'épouvantes !
Tu t'en vantais tantôt ! Tu te tais , tu frémis !
Meurtrier de ton roi , fais-tu quel eft fon fils ?

HERMOGIDE.

Ciel ! tous les morts ici renaiffent pour ma perte !
Son fils !

ALCMÉON.

De tes forfaits l'horreur eft découverte.
Revois Amphiarus , vois fon fang , vois ton roi.

HERMOGIDE.

Je ne vois rien ici que ton manque de foi.
Tremble , qui que tu fois ; & devant que je meure,
Amis , foldats , courez.

ALCMÉON.

Non , barbare ; demeure :
Connais-moi tout entier ; fache au moins que mon
       bras
Ne fait point fe venger par des affaffinats.
Je dois , de tes forfaits , te punir avec gloire;

J'attends ton châtiment des mains de la victoire :
Et le sang de tes rois, qui te parle aujourd'hui ,
Ne veut qu'une vengeance aussi noble que lui.
Sans suite , ainsi que moi , viens, si tu l'oses , traître ,
Chercher encor ma vie , & combattre ton maître ;
Suis mes pas.

HERMOGIDE.

Où vas-tu ?

ALCMÉON.

Sur le tombeau sacré ;
Sur la cendre du roi par tes mains massacré.
Combattant devant lui, que son ombre y décide
Du sort de son vengeur & de son homicide.
L'oses-tu ?

HERMOGIDE.

Si je l'ose ! En peux-tu bien douter ?
Et ces morts & ton bras sont-ils à redouter ?
Viens te rendre au trépas ; viens, jeune téméraire ,
M'immoler ou mourir, joindre ou venger ton pere.

(*Le Grand-Prêtre entre.*)

ALCMÉON.

Qu'aucun de vous ne suive. Et vous , prêtre des
Dieux ,

Ne craignez rien : mon bras n'a point souillé ces
    lieux.
Allez aux Dieux d'Argos immoler vos victimes :
Je vais tenir leur place, en punissant les crimes.

SCENE IV.

LE GRAND-PRÊTRE, THÉANDRE, POLÉMON.

POLÉMON.

Ciel, sois pour la justice, & nos maux sont finis !

LE GRAND-PRÊTRE.

Nos maux sont à leur comble. Alecto, Néméfis,
Portent vers ce tombeau leurs torches vengeres-
    ses ; (*)

(*) Du crime & du malheur meffageres fatales,
Portent vers ce tombeau leurs torches infernales.
L'orgueil des fcélérats ne peut les défarmer ;
Les pleurs des malheureux ne peuvent les calmer ::
Il faut que le fang coule ; & leurs mains vengereffes

Pourſuivent les forfaits , & même les faibleſſes.

THÉANDRE.

Quoi ! ce vertueux prince !....

LE GRAND-PRÊTRE.

Il frappe , il eſt vainqueur...;
C'en eſt aſſez : reviens de ce lieu plein d'horreur.
Amphiarus le ſuit ; il l'égare ; il l'anime ;
Il le pouſſe ; & le crime eſt puni par le crime.

POLÉMON.

C'eſt la voix de la reine !

Puniſſent les forfaits , & même les faibleſſes.

THÉANDRE.

Ciel ! d'un roi vertueux daigne guider les coups !

LE GRAND-PRÈTRE.

Le Ciel entend nos vœux, mais c'eſt dans ſon cour-
roux.
O conſeils éternels ! O ſéveres puiſſances ,
Quelles mains forcez-vous à ſervir vos vengeances !

POLÉMON,

C'eſt la voix de la reine ! Ah, quels lugubres cris !

LE GRAND-PRÊTRE.

Infortuné, quels Dieux ont troublé tes eſprits !
Que vas-tu faire ! Et toi mere trop malheureuſe ,
Garde-toi d'approcher de cette tombe affreuſe :
Les morts & les vivans y ſont tes ennemis :
Reine, crains ton époux, crains encor plus ton fils !

ÉRIPHILE *derriere le théatre.*

Mon fils , épargne-moi !

THÉANDRE.

Ah ! quels lugubres cris !

LE GRAND-PRÊTRE.

Vous le voulez, destins.... il le faut... je frémis !
L'ordre est irrévocable... Ah! mere malheureuse,
La parque t'a conduite à cette tombe affreuse !
Les morts & les vivans y sont tes ennemis :
Crains ton roi, crains ton sang.

ÉRIPHILE *derriere le théatre.*

Épargne-moi, mon fils!

ALCMÉON *derriere le théatre.*

Reçois le dernier coup ; tombe à mes pieds , perfide.

THÉANDRE.

Ah ! qu'est-ce que j'entends!

LE GRAND-PRÊTRE.

La voix d'un parricide.

SCENE V.

THÉANDRE, ALCMÉON, LE GRAND-
PRÊTRE, POLÉMON.

ALCMÉON.

JE viens de l'achever ; il n'eſt plus ; je ſuis roi.
Rendez tous grace aux Dieux qui combattaient pour
    moi ;
Ils conduiſaient mes coups ; ils guidaient ma colere.
Ce bras l'a fait tomber même aux pieds de ma mere.
Il demandait la vie ; il s'eſt humilié ; (*)
Mais mon cœur une fois s'eſt trouvé ſans pitié.
Ériphile eſt témoin de ma juſte vengeance.
D'où vient qu'en ce moment elle fuit ma préſence ?
Craint-elle de ſon fils le bras enſanglanté ;

____

(*) Ce monſtre enfin n'eſt plus, Argos en eſt purgé :
Les Dieux ſont ſatisfaits ; & mon pere eſt vengé.
J'ai vu ſur cette tombe Ériphile éperdue :
D'où vient qu'en ce moment elle évite ma vue ?

Et cet horrible arrêt que mon pere a dicté ?

Allez, courez vers elle, & calmez ses alarmes:

Dites-lui que mes mains vont essuyer ses larmes.

Mais non... je veux moi-même embrasser ses ge-

    noux :

Allons, je veux la voir.

       LE GRAND-PRÊTRE.

           Ah , que demandez-vous !

       ALCMÉON.

Je vais mettre à ses pieds ce fer si redoutable...

Que dis-je ! Où suis-je ! Où vais-je !& quelle horreur

    m'accable !

D'où vient donc que le sang qui réjaillit sur moi,

Si justement versé, m'inspire un tel effroi ?

Je n'ai point cette paix que la justice donne :

Quoi, j'ai puni le crime , & c'est moi qui frissonne !

Dieux, pour les scélérats quels sont vos châtimens,

Si les cœurs vertueux éprouvent leurs tourmens !

SCENE DERNIERE.

ÉRIPHILE, *soutenue par ses femmes*, ALCMÉON, THÉANDRE, LE GRAND-PRÊTRE, POLÉMON, Suite.

ALCMÉON *d'un air égaré.*

Ombre cruelle, eh bien! que veux-tu davantage?
Quel sang coule à mes yeux... que vois-je !

ÉRIPHILE.

Ton ouvrage:
Les oracles cruels enfin sont accomplis ;
Et je meurs par tes mains, quand je retrouve un fils !
Le ciel est juste !

ALCMÉON.

Hélas parricide exécrable !
Vous ; ma mere !.... Elle meurt.... & j'en serai coupable !
Moi ! moi ! Dieux inhumains !

ÉRIPHILE.

Je vois à ta douleur

Que les Dieux , malgré toi , conduifaient ta fureur.
La main qu'ils ont guidée a méconnu ta mere. (*)
Ta parricide main ne m'eu eft pas moins chere :
Ton cœur eft innocent : je te pardonne... hélas !
Laiffe-moi la douceur d'expirer dans tes bras !
Ferme ces triftes yeux qui s'entr'ouvrent à peine.

     A L C M É O N *à fes genoux.*

J'attefte , de ces Dieux , la vengeance & la haine
Je jure par mon crime & par votre trépas ,
Que mon fang devant vous....

       É R I P H I L E.

          Mon fils , n'acheve pas.
Indigne que je fuis du facré nom de mere ,
J'ofe encor te dicter ma volonté derniere :
Il faut vivre & régner. Le fils d'Amphiarus
Doit réparer ma vie à force de vertus.
Un moment de faibleffe , & même involontaire ,
A fait mes attentats , a fait périr ton pere.
Souviens-toi des remords qui troublaient mes ef-
    prits ;

(*) Du crime de ton bras ton cœur n'eft point com-
    plice ;
Ils égaraient tes fens , pour hâter mon fuplice.
Je te pardonne tout...Je meurs contente. Hélas! &c.

Souviens-toi de ta mere...ô mon fils, mon cher fils!

(Elle l'embrasse, fait un effort pour se le-
ver, & éleve la voix.)

C'en est fait !

(Elle meurt. Alcméon est évanoui.)

LE GRAND-PRÊTRE.

La lumiere à ses yeux est ravie.

Secourez Alcméon ; prenez soin de sa vie.

Que, de ce jour affreux, l'exemple menaçant

Rende son cœur plus juste, & son regne plus grand!

Fin du cinquième & dernier Acte.

PIECES RELATIVES

ET ANECDOTES

SUR VOLTAIRE.

Extrait du voyage, en anglois, du Docteur Moore, où il fait un tableau de la maniere dont se conduisait Voltaire à Ferney.

» Les yeux les plus perçans que j'ai vus, dit
» le voyageur, sont ceux de Voltaire, qui est
» actuellement dans sa quatre-vingtieme année.
» Tout son extérieur annonce le génie, le ta-
» lent de l'observation, & l'extrême sensibilité.
» Le matin, il a un air d'inquiétude & de
» mécontentement ; mais sa physionomie s'éclair-
» cit peu-à-peu, & il paraît gai l'après-dînée.
» Cependant, il a un air d'ironie qui ne l'aban-
» donne jamais, & qu'on démêle toujours dans
» ses traits, soit qu'ils soient rians ou renfrognés.
» Quand le temps est favorable, il prend l'air

» en carroſſe, avec ſa niece ou avec quelqu'un
» de ſes hôtes, qui ſont toujours en aſſez grand
» nombre à Ferney. Quelquefois il ſe promene
» dans ſon jardin, ou, ſi le temps ne lui permet
» pas de ſortir, il s'amuſe dans ſes momens
» de loiſir, à jouer aux échecs avec le pere
» Adam, ou à recevoir les viſites des étran-
» gers, qui ſe ſuccedent continuellement à Fer-
» ney, où ils épient le moment de le voir;
» quelquefois il emploie ſon loiſir à diéter ou
» à écrire des lettres; car il entretient des cor-
» reſpondances dans toute l'Europe, au moyen
» deſquelles il eſt inſtruit d'abord de tous les
» événemens remarquables & de toutes les nou-
» veautés littéraires. La plus grande partie de
» ſon temps eſt conſacrée à l'étude, & ſoit qu'il
» liſe lui-même ou qu'il ſe faſſe lire, il a tou-
» jours la plume à la main, pour faire des re-
» marques ou pour prendre note de ce qui l'in-
» téreſſe. Son principal amuſement eſt de com-
» poſer. Il n'y a point d'auteur travaillant pour
» vivre, point de jeune poëte avide de ſe
» faire un nom, qui tienne la plume plus aſſi-
» duement, ou qui s'occupe davantage de faire

» parler de lui, qué le riche & célebre fei-
» gneur de Ferney.

» Il vit d'une maniere très-hofpitaliere, & il
» a foin d'entretenir toujours une très-bonne
» table. Il a ordinairement deux ou trois per-
» fonnes, qui viennent de Paris le vifiter, &
» qui paffent avec lui un mois ou fix femaines.
» Quand ils s'en vont, leurs places font auffi-
» tôt remplies; de maniere qu'il y a à Ferney,
» une circulation continuelle d'allans & venans.
» Ces vifites, avec celles de Geneve & la fa-
» mille de Voltaire, forment une compagnie
» de douze ou quatorze perfonnes, qui dinent
» journellement à fa table, foit qu'il y paraiffe,
» ou qu'il n'y paraiffe pas : car quand il eft
» occupé à préparer un nouvel ouvrage pour
» la preffe, qu'il eft indifpofé ou de mauvaife
» humeur, il ne dine pas avec la compagnie ;
» mais il vient la vifiter pendant quelques mi-
» nutes avant ou après le diner.

» Tous ceux qui ont des recommandations
» de fes amis, font fûrs d'être reçus de lui,
» à moins qu'il ne foit réellement indifpofé. Il
» fe montre fouvent aux étrangers qui font af-

K 2

» femblés prefque tous les après-midi dans fon
» anti-chambre, quoiqu'ils n'aient pas auprès
» de lui de recommandations particulieres. Mais
» fouvent auffi ils font obligés de s'en aller fans
» avoir fatisfait leur curiofité (*). Toutes les fois
» que cela arrive, il eft fûr d'être traité de
» fantafque & de bourru ; & on fait de lui mille
» mauvaifes hiftoires, qu'on invente peut-être
» par vengeance, parce qu'il n'eft pas d'humeur
» à fe laiffer voir comme l'ours qu'on montre le
» dimanche. Il eft moins furprenant qu'ils fe re-
» fufe quelquefois à l'empreffement des étran-
» gers, qu'il ne l'eft qu'il s'y prête fi fouvent.
» Ce ne peut être de fa part qu'un defir d'obli-

(*) C'eft de cette maniere que Mr. *Larcher*
fut accueilli à Ferney, & c'eft auffi pour s'en
venger qu'il publia le *Tableau Philofophique
de l'efprit de Mr. de Voltaire*; rapfodie tiffue
de menfonges mal-adroits, & de bévues atro-
ces, qui me feroient rougir, fi j'étais fon con-
frere de l'Académie des Infcriptions. Cependant
les *Sabotiers* & les *Frelons* ne rougirent pas de
le vanter. Mais le public fage a fait juftice en
méprifant les *Trois fiecles* d'ennui de l'un, &
l'Année Littéraire, diffufe & bavarde de
l'autre ; & fait quelque chofe de plus encore du
barbouillage de Mr. *Larcher*.

» ger ; car Voltaire eſt accoutumé, depuis ſi long-
» temps , à inſpirer l'admiration, qu'on ne peut
» pas ſuppoſer que l'hommage de quelques étran-
» gers ſoit capable de le flatter infiniment.

» Sa niece, Madame Denis, fait les hon-
» neurs de la table, & entretient la compagnie ,
» quand ſon oncle ne veut ou ne peut pas
» paraître. C'eſt une femme d'un caractere ai-
» mable, qui inſpire la gaîté à tout le monde,
» & qui eſt pleine de tendreſſe & d'attentions
» pour ſon oncle.

» Le matin n'eſt pas le temps favorable pour
» voir Voltaire. Il ne peut ſupporter qu'on lui
» faſſe perdre ſes heures de travail. Cela ſeul
» ſuffit pour le mettre de mauvaiſe humeur ; en
» outre, Il ſe plaint toujours le matin, ſoit qu'il
» ſouffre des infirmités de l'âge , ſoit qu'il ait
» quelqu'autre cauſe·de peine. Quelle qu'en ſoit
» la raiſon, il eſt moins optimiſte alors que le
» reſte du jour.

» Ceux qui ſont invités à ſouper, ont une
» occaſion de le voir dans le point de vue le
» plus avantageux. Il s'évertue alors pour amu-
» ſer la compagnie ; il eſt auſſi fertile que ja

K 3

» mais en bons-mots ; & s'il arrive à quelqu'un
» des convives d'en dire un, il en eſt enchan-
» té, & il applaudit de tout ſon cœur. Quand
» il eſt entouré de ſes amis & animé par la pré-
» ſence des femmes, il paraît jouir de la vie
» avec toute la ſenſibilité du jeune âge. Son ge-
» nie ſe débarraſſe du poids de la vieilleſſe & des
» infirmités, & s'épanche en plaiſanteries fines,
» en obſervations ſpirituelles & en ironies déli-
» cates.

» Il a un grand talent pour adapter ſa con-
» verſation aux perſonnes qu'il entretient. La
» premiere fois que le duc de H.... alla le voir,
» il fit tomber la converſation ſur l'ancienne
» alliance de la France & de l'Écoſſe. Il rap-
» pella qu'un des ancêtres du duc avait accom-
» pagné Marie, reine d'Écoſſe, dont il était
» alors l'héritier, à la cour de France ; il parla
» des qualités héroïques de ſes aïeux, les an-
» ciens comtes de Douglas ; de la grande ré-
» putation que quelques-uns de ſes compatriotes
» vivans, avaient acquiſe dans les lettres, &
» il cita avec les plus grands éloges, les noms
» de Hume & de Robertſon.

„ Peu de temps après, il reçut la vifite de
„ deux gentilshommes Ruffes, qui font main-
„ tenant à Geneve. Voltaire leur parla beau-
„ coup de leur Impératrice, & de l'état floriffant
„ de leur patrie. *Autrefois*, leur dit-il , *vos com-*
„ *patriotes étaient conduits par des prêtres*
„ *ignorans, les arts vous étaient inconnus,*
„ *vos terres étaient défertes ; mais aujour-*
„ *d'hui les arts floriffent chez vous, & vos*
„ *terres font cultivées.* Un des Ruffes , répondit
„ qu'il y avait encore en Ruffie bien des terres
„ ftériles : *au moins*, dit Voltaire, *convenez*
„ *que derniérement votre pays a été très-*
„ *fertile en lauriers.*

„ Il fait beaucoup plus de cas de la poétique
„ de M**** (*), que des poéfies compofées par
„ cet auteur. Il difait à ce propos, que M****
„ était comme Moïfe , qu'il conduifait les au-
„ tres à la Terre promife, quoiqu'il ne lui fut
„ pas permis d'y entrer.

(*) Ne ferait-ce pas Mr. de Marmontel ? En
vérité j'ai peur que ce ne foit ce grand , ce
n'eft pas-là l'épithete jufte, je veux dire ce gros
homme !

  » Vous avez beaucoup entendu parler de
» l'animofité qui a fubfifté long-temps entre Vol-
» toire & le journalifte Fréron. Le premier fe
» promenait un jour dans fon jardin avec un
» gentilhomme de Geneve. Un crapaud vint
» à paffer dans leur chemin. Le gentilhomme,
» pour faire fa cour à Voltaire, lui dit : voilà
» un Fréron. *Que vous a fait ce pauvre animal,*
» répondit le vieillard cauftique, *pour le traiter*
» *ainfi ?*

  » Il comparait la nation anglaife à un muid
» de cette forte bierre qui lui fert de boiffon.
» L'écume, difait-il, eft en - deffus, la lie eft
» au fond, & le milieu eft excellent.

  » Un ami de Voltaire lui avait recommandé
» la lecture d'un fyftême de métaphyfique,
» étayé par une fuite de raifonnemens, dans
» lefquels l'auteur montrait beaucoup d'efprit
» fans convaincre fon lecteur, & fans prouver
» autre chofe que fon éloquence & fon talent
» pour les fophifmes. Cet ami lui demanda
» quelque-temps après ce qu'il en penfait. Les
» écrivains de métaphyfique, répondit Voltaire,
» reffemblent aux danfeurs de menuet, qui fe

» préfentent habillés à leur avantage, font une
» couple de révérences, parcourent la chambre
» dans les attitudes les plus gracieufes, déploient
» toutes leurs graces, font dans un mouvement
» continuel fans avancer d'un pas, & finiffent
» par revenir à la même place d'où ils font
» partis. «

Le célebre le Kain était à Ferney dans le
même-temps que notre voyageur, & jouait fur
le théatre de M. de Voltaire. Celui-ci affiftait
à prefque toutes les repréfentations, fur-tout
lorfqu'on jouait fes tragédies. Il fe plaçait fur
le théatre & derriere la fcene, mais de maniere
à être vu du plus grand nombre des fpectateurs.
Il prenait autant d'intérêt à la repréfentation,
que s'il fe fût agi de lui-même dans la piece.
Il paraiffait très-fâché quand les acteurs fai-
faient quelque faute, & quand ils jouaient bien
il faifait éclater fa fatisfaction tant de bouche
que par des geftes expreffifs. Les malheurs imagi-
naires des héros de la piece lui arrachaient des
fignes d'une compaffion véritable, & il verfait
fouvent des pleurs en auffi grande abondance
qu'une jeune fille qui affifte pour la premiere

fois à une tragédie. Le voyageur fait quelques
réflexions judicieuses fur cette extrême fenfibilité
fi rare dans un âge auffi avancé, & encore plus
furprenante dans l'auteur même des fictions qui
la provoquaient.

ANECDOTES.

DAns une fociété brillante, quelqu'un dit
à Voltaire : ah ! Monfieur , que vous devez
être content de vos ouvrages ! — Je fuis,
répondit - il , comme le mari d'une coquette,
dont tout le monde jouit, excepté lui.

Pendant la dernière maladie de Voltaire , le
Médecin *Lorry* fut le voir ; le Philofophe lui
apprit le premier qu'il s'était confeffé , & voyant
fourire le Docteur , il lui dit : *Vous me croyez
donc bien impie.* L'Efculape fervi par fa mémoire , qui lui fournit en ce moment un vers
de citation heureufe , lui répondit :

Vous craignez qu'on l'ignore & vous en faites
gloire.

» Cependant, reprit Voltaire , tout cela me
» déplaît fort ; ce train de vie m'affomme ; mais me
» voilà entre les mains de mes ennemis , il faut
» bien que je m'en dégage. Dès que je pourrai être
» tranfporté , je m'en vais ; j'efpere que leur zele
» ne me pourfuivra pas jufqu'à Ferney : fi j'y
» avais été , cela ne fe ferait point paffé ainfi. »

♣

Le Curé de St. Sulpice invitant notre Philofophe à rentrer au giron de notre *fainte-mere*,
Voltaire lui dit : » vous avez raifon, Monfieur,
» il faut mourir dans la religion de fes Peres ,
» fi j'étais aux bords du Gange , je voudrais
» expirer une queue de vache à la main. »

Il n'a cependant pas tenu parole, & perfonne
n'en a peut-être encore foupçonné la raifon :
ce font les réflexions trop multipliées des pé-
riodiftes, de *M. Linguet* , fur-tout, fur la confeffion & la profeffion de foi de ce grand homme.
Si perfonne n'avait parlé du premier pas, *Vol-*

taire eut expiré comme *Helvetius*, qui n'en á point perdu de gloire.

♣

La Reine étant à une repréfentation d'*Irene*, tranfcrivait au crayon les plus beaux vers relatifs à Dieu & à la Religion ; comme ils étaient édifiants, *un bon plaifant s'écria : on voit bien que l'Auteur a été à confeffe.* On préfume que Sa Majefté voulait citer au Roi ces paffages, pour juftifier fur fes fentimens, le Philofophe fi décrié par les prêtres.

♣

Madame de la V**, vieille coquette qui voudrait plaire encore, ayant voulu effayer quel effet feraient fes charmes fur notre Philofophe, fut fe préfenter à lui fous les habits les plus féduifans ; & s'appercevant que le vieillard fixait les yeux fur fon fein qu'elle s'efforçait d'agiter : » Comment, s'écria-t-elle, eft-ce que vous fon- » geriez encore à ces petits coquins - là ? « —— *Petits coquins*, reprit le meilleur gauffeur de la France, *petits coquins, Madame, ce font bien de grands pendards !*

Voltaire fut à une féance particuliere de l'Académie françaife, où M. l'Abbé de Lille lut quelques morceaux de fon poëme, fur *l'Art d'orner*, *de peindre la nature & d'en jouir*, & la traduction de l'*Effai fur l'homme*, *de Pope :* pendant cette lecture, l'immortel vieillard fe rappellait les vers Anglais, & les comparait à la traduction qu'il leur préférait. Il fe plaignit cependant de la pauvreté de la Langue françaife, & parla d'y introduire des mots nouveaux, tels que celui de *tragédien*, pour exprimer un acteur qui ne joue que dans la tragédie. » Mais, ajouta-t-il, (en parlant de la » difficulté de ces fortes d'adoptions), notre Lan- » gue eft une gueufe fiere, il faut lui faire » l'aumône malgré elle. »

Mr. de Terfac, Curé de St. Sulpice, ayant appris que M. de Voltaire s'était confeffé à l'Abbé Gaulthier, témoigna à M. le Marquis de Villette, le regret de s'être vu échapper cette ouaille : le rapport en ayant été fait au Philofophe convalefcent, il écrivit au pafteur la lettre fuivante :

M O N S I E U R ,

M. le Marquis de Villette m'a affuré que fi j'avais pris la liberté de m'adreffer à vous-même, pour la démarche néceffaire que j'ai faite, vous auriez eu la bonté de quitter vos importantes occupations pour venir, & daigner remplir auprès de moi des fonctions, que je n'ai cru convenables qu'à des fubalternes, auprès des paffagers qui fe trouvent dans votre département.

M. l'Abbé Gaulthier avait commencé par m'écrire fur le bruit feul de ma maladie ; il était venu enfuite s'offrir de lui - même , & j'étais fondé à croire que , demeurant fur votre paroiffe , il venait de votre part. Je vous regarde, Monfieur, comme un homme du premier ordre de l'État ; je fais que vous foulagez les pauvres en apôtre, & que vous les faites travailler en miniftre.

Plus je refpecte votre perfonne & votre état, plus j'ai craint d'abufer de vos extrêmes bontés. Je n'ai confidéré que ce que je dois à votre naiffance, à votre miniftere & à votre mérite. Vous êtes un général à qui j'ai demandé un soldat.

Je vous supplie de me pardonner d'avoir ignoré la condescendance avec laquelle vous seriez descendu jusqu'à moi : pardonnez - moi aussi l'importunité de cette lettre, elle n'exige pas l'embarras d'une réponse ; votre temps est trop précieux. J'ai l'honneur d'être, &c.

VOLTAIRE.

Paris, ce 4 mars 1778.

Réponse qui fut envoyée par le même Commissionnaire.

MONSIEUR,

Tous mes paroissiens ont droit à mes soins, que la nécessité seule me fait partager avec mes coopérateurs ; mais quelqu'un comme Mr. de Voltaire est fait pour attirer toute mon attention. Sa célébrité qui fixe sur lui les yeux de la capitale de la France & même de l'Europe, est bien digne de la sollicitude pastorale d'un Curé.

La démarche que vous avez faite, n'était nécessaire qu'autant qu'elle pouvait être utile & consolante, dans le danger de votre maladie. Mon ministere ayant pour objet le vrai bonheur de l'homme, en tournant à son profit les miseres inséparables de sa condition, & en dissipant par la foi les ténebres qui offusquent sa raison, & le bornent dans le cercle étroit de cette vie : jugez avec quelle empressement je dois l'offrir à l'homme le plus distingué par ses talens, dont l'exemple ferait seul des milliers d'heureux, & peut-être l'époque la plus intéressante aux mœurs, à la religion, & à tous les vrais principes, sans lesquels la société ne sera jamais qu'un assemblage de malheureux insensés, divisés par leurs passions, & tourmentés par leurs remords.

Je sais que vous êtes bienfaisant, si vous me permettez de vous entretenir quelquefois, j'espere que vous conviendrez qu'en adoptant parfaitement la sublime philosophie de l'Évangile, vous pourriez faire le plus grand bien, & ajouter à la gloire d'avoir porté l'esprit humain au plus haut degré de ses connaissances, le mérite de la vertu la plus fincere, dont la fageffe divine, revêtue de notre nature, nous a donné la jufte idée & fournit le parfait mo-dele que nous ne pouvons trouver ailleurs.

Vous me comblez de chofes obligeantes que vous voulez bien me dire & que je ne mérite pas ; il ferait au-deffus de mes forces d'y ré-pondre, en me mettant au nombre des favans & des gens d'efprit, qui vous portent avec tant d'empreffement leurs tributs & leurs hommages : pour moi, je n'ai à vous offrir que le vœu de votre folide bonheur, & la fincérité des fenti-mens avec lefquels j'ai l'honneur d'être, &c.

LE CURÉ DE ST. SULPICE.

PIECES dont s'était muni l'adroit Mr. l'Abbé Mignot, avant de fe rendre à Scel-lieres, pour l'enterrement de Voltaire.

1°. MR. le Curé de St. Sulpice lui donna la renonciation fuivante :

» Je confens que le corps de M. de Vol-
» taire foit emporté fans cérémonie, & je me
» départs à cet égard de tous droits curiaux. »

2°. Il furprit à l'Abbé Gaulthier la déclaration fuivante :

„ Je fouffigné certifie à qui il appartiendra,
„ que je fuis venu à la réquifition de Mr. de
„ Voltaire, & que je l'ai trouvé hors d'état
„ de l'entendre en confeffion. „

Ces pieces étaient précédées d'une profeffion de foi de M. de Voltaire ; comment le Prieur de Scellieres aurait-il pu balancer à fon inhumation !

LETTRE de l'Évêque de Troyes au Prieur de Scellieres.

JE viens d'apprendre, Monfieur, que la famille de M. de Voltaire qui eft mort depuis quelques jours, s'était décidée à faire tranfporter fon corps à votre Abbaye pour y être enterré, & cela parce que le Curé de Saint Sulpice leur avait déclaré qu'il ne voulait pas l'enterrer en terre fainte.

Je defire fort que vous n'ayez pas encore procédé à cet enterrement ; ce qui pourrait

avoir des suites fâcheuses pour vous ; & si l'inhumation n'est pas faite , comme je l'espere , vous
n'avez qu'à déclarer que vous n'y pouvez pro-
céder sans avoir des ordres exprès de ma part.

J'ai l'honneur d'être bien sincérement , Monsieur , votre très-humble & très-obéissant ser-
viteur , ✠ Évêque de Troyes.

2 Juin 1778.

RÉPONSE du Prieur.

A Scellieres , 3 Juin.

**Je reçois dans l'instant , Monseigneur , à trois
heures après - midi , avec la plus grande surprise la lettre que vous m'avez fait l'honneur
de m'écrire en date du jour d'hier 2 Juin : il
y a maintenant plus de 24 heures que l'inhumation du corps de M. de Voltaire est faite
dans notre Église en présence d'un peuple nom-
breux. Permettez-moi , Monseigneur , de vous
faire le récit de cet événement , avant que j'ose
vous présenter mes réflexions.**

**Dimanche au soir 31 Mai , M. l'Abbé Mi-
gnot , Conseiller au Grand Conseil , notre Abbé**

commandataire , qui tient à loyer un appartement dans l'intérieur de notre monastere , parce
que son abbatiale n'est pas habitable , arriva
en poste pour occuper cet appartement. Il me
dit après les premiers complimens , qu'il avait
eu le malheur de perdre M. de Voltaire son oncle , que ce Monsieur avait desiré dans ses derniers momens d'être porté après sa mort à sa
terre de Ferney , mais que le corps qui n'avait
pas été enseveli , quoiqu'embaumé , ne serait pas
en état de faire un voyage aussi long ; qu'il de-
sirait , ainsi que sa famille , que nous voulus-
sions bien recevoir le corps en dépôt dans le
caveau de notre Église ; que ce corps était en
marche , accompagné de trois parens , qui arrive-
raient bientôt. Aussi-tôt M. l'abbé Mignot m'exhiba un consentement de M. le Curé de Saint
Sulpice , signé de ce pasteur , pour que le corps
de M. de Voltaire put être transporté sans cérémonie ; il m'exhiba en outre une copie col-
lationnée par ce même Curé de Saint Sulpice ,
d'une profession de la foi Catholique, Apostolique
& Romaine , que M. de Voltaire a faite entre
les mains d'un prêtre approuvé en présence

de deux témoins , dont l'un eſt Monſieur Mignot, notre Abbé, neveu du pénitent, & l'autre
un Monſieur le Marquis de la Villevieille. Il
me montra en outre une lettre du Miniſtre de
Paris, M. Amelot, adreſſée à lui & à M. de
Dampierre d'Hornoy, neveu de M. l'abbé Mignot, & petit-neveu du défunt, par laquelle ces
Meſſieurs étaient autoriſés à tranſporter leur
oncle à Ferney ou ailleurs. D'après ces pieces
qui m'ont paru & qui me paraiſſent encore au-
thentiques , j'aurais cru manquer au devoir de
Paſteur ſi j'avais refuſé les ſecours ſpirituels dûs
à tout Chrétien , & ſur-tout à l'oncle d'un Magiſ-
trat qui eſt depuis 23 ans Abbé de cette Abbaye,
& que nous avons beaucoup de raiſons de conſi-
dérer : il ne m'eſt pas venu dans la penſée que
M. le Curé de Saint Sulpice ait pu refuſer la
ſépulture à un homme dont il avait légaliſé la
profeſſion de foi, faite tout au plus ſix femaines
avant ſon décès, & dont il avait permis le tranfport tout récemment au moment de ſa mort;
d'ailleurs, je ne ſavais pas qu'on pût refuſer la
ſépulture à un homme quelconque mort dans le
Corps de l'Égliſe, & j'avoue que ſelon mes fen-

bles lumieres, je ne crois pas encore que cela foit poffible. J'ai préparé en hâte tout ce qui était néceffaire. Le lendemain matin font arrivés dans la cour de l'Abbaye deux carroffes, dont l'un contenait le corps du défunt, & l'autre était occupé par M. d'Hornoy, Confeiller au Parlement de Paris, petit-neveu de M. de Voltaire, par M. Marchand de Varennes, Maître-d'hôtel du Roi, & M. de la Houilliere, Brigadier des armées, tous deux coufins du défunt. Après-midi, M. l'abbé Mignot m'a fait à l'Églife la préfentation folemnelle du corps de fon oncle, qu'on avait dépofé; nous avons chanté les vêpres des morts; le corps a été gardé toute la nuit dans l'Églife environné de flambeaux. Le matin depuis cinq heures tous les eccléfiaftiques des environs, dont plufieurs font amis de M. l'abbé Mignot, ayant été autrefois Séminariftes à Troyes, ont dit la meffe en préfence du corps, & j'ai célébré une meffe folemnelle à onze heures avant l'inhumation, qui a été faite devant une nombreufe affemblée. La famille de M. de Voltaire eft repartie ce matin, contente des honneurs rendus à fa mémoire, & des prieres que nous avons faites à Dieu pour le repos de son ame. Voilà les faits, Monseigneur, dans la plus exacte vérité. Permettez, quoique nos maisons ne soient pas soumises à la jurisdiction de l'ordinaire, de justifier ma conduite aux yeux de votre Grandeur : quels que soient les privileges d'un Ordre, ses membres doivent toujours se faire gloire de respecter l'Épiscopat, & se font honneur de soumettre leurs démarches, ainsi que leurs mœurs, à l'examen de nos Seigneurs les Évêques ; comment pouvais-je supposer qu'on refusait, ou qu'on pouvait refuser à M. de Voltaire, la sépulture qui m'était demandée par son neveu, notre Abbé Commandataire depuis 23 ans, Magistrat depuis 30 ans, Ecclésiastique qui a beaucoup vécu dans cette Abbaye, & qui jouit d'une grande considération dans notre ordre ; par un Conseiller au Parlement de Paris, petit-neveu du défunt ; par des Officiers d'un grade supérieur, tous parens & tous gens respectables ? Sous quel prétexte aurais-je pu croire que M. le Curé de Saint Sulpice eut refusé la sépulture à M. de Voltaire, tandis que ce Pasteur a légalisé de sa propre main une profeſſion de foi, faite par le défunt, il n'y a que deux mois, tandis qu'il a écrit & ſigné de ſa propre main un conſentement que ce corps fut tranſporté ſans cérémonies? Je ne ſais ce qu'on impute à M. de Voltaire; je connais plus ſes ouvrages par ſa réputation qu'autrement; je ne les ai pas lu tous; j'ai ouï dire à M. ſon neveu, notre Abbé, qu'on lui en imputait de très-repréhenſibles qu'il avait toujours déſavoués: mais je ſais d'après les Canons, qu'on ne refuſe la ſépulture qu'aux Excommuniés, *latâ ſententiâ*, & je crois être ſûr que M. de Voltaire n'eſt pas dans ce cas. Je crois avoir fait mon devoir en l'inhumant, ſur la réquiſition d'une famille reſpectable, & je ne puis m'en repentir. J'eſpere, Monſeigneur, que cette action n'aura pas pour moi de ſuites fâcheuſes; la plus fâcheuſe, ſans doute, ſerait de perdre votre eſtime; mais d'après d'explication que j'ai l'honneur de faire à votre Grandeur, elle eſt trop juſte pour me la refuſer.

Je ſuis avec un profond reſpect, &c.

LE PRIEUR DE SCELLIERES.

EXTRAIT

*EXTRAIT d'une Lettre de M. l'Abbé***, datée de Geneve, contenant une description de l'état actuel du Château de Ferney, acquis par M. le Marquis de Villette, depuis la mort de Voltaire.*

JE viens de faire, en Bourgogne, quelques recherches littéraires, dont je m'étais chargé. Ce que j'ai vu d'agréable & d'intéressant dans cette province, m'a inspiré le desir d'aller plus loin ; j'ai voulu contempler la nature & les hommes dans un pays où la terre s'éleve jusqu'aux cieux, & où les hommes tiennent un peu du fol, comme par-tout ailleurs.

J'avais toujours desiré de voir un des asyles les plus célebres du génie : ce motif, quand je n'en aurais pas eu d'autres, suffisait bien pour me conduire à Ferney : j'y ai passé quelques jours.

Le premier objet de mon admiration a été d'y rencontrer des étrangers, qui venaient, comme autrefois, des extrémités de l'Europe, VI-

L

fiter cette maifon confacrée aux mufes & à la philofophie : on veut tout voir : on interroge avec avidité, ceux qui ont eu le bonheur d'approcher le grand homme qu'on y cherche encore : on aime à s'inftruire des plus petits détails de fa vie privée. On éprouve un attendriffement involontaire, lorfqu'on entre dans fa chambre : elle eft confervée telle qu'il l'occupait; & jufqu'à fon lit, qui femble encore prêt à le recevoir. On ne s'eft pas permis d'y déranger la moindre chofe; on fe fent fur-tout frappé d'un faififfement dont on n'eft pas le maître, lorfqu'on jette les yeux fur l'urne funéraire où repofe fon cœur.

C'eft une pyramide quadrangulaire, contre laquelle eft adoffé un autel compofé d'un fimple tronçon de colonne cannelée; cette pyramide eft ceinte au tiers de fa hauteur, d'une corniche faillante, foutenue aux angles par quatre colonnes antiques, & porte une urne fépulcrale fur chaque face; une couronne de lauriers termine la pyramide tronquée; c'eft le feul attribut caractériftique qui y foit exprimé; & fur l'autel eft placé un couffin de velours où re pofe un cœur , fymbole de celui qui eft dans l'intérieur du monument.

Cet enfemble compofé de trois marbres , le blanc, le noir & le verd antique , de la hauteur d'environ fept pieds , fur trois & demi de largeur à fa bafe , eft placé dans l'intérieur d'une niche , drapée en noir , & porte dans l'ame l'idée douloureufe du génie & de la mort.

On a décoré cette chambre de quelques portraits qui fe trouvaient dans le Château de Ferney , & pour lefquels M. de Voltaire avait le plus de prédilection : ceux de l'Impératrice de Ruffie, du Roi de Pruffe , de la Princeffe de Bareith , de la Marquife du Châtelet , de M. d'Alembert, de M. le Comte de Maurepas , de M. d'Argenfon, de M. & de Mde. la Marquife de Villette , du célebre le Kain , &c. On y lit cette infcription : *Mes mânes font confolés , puifque mon cœur eft au milieu de vous.*

Anecdote sur la famille de Voltaire.

ON a inséré dans les affiches de Poitiers, une lettre de M. Dumoustier de Lafond, capitaine d'artillerie & membre de plusieurs académies, contenant une piece de vers qu'un de ses ancêtres paternels (*Ant. Dumoustier*) fit sur la mort de *René Arouet*, son ami, arrivée en 1499, & qui, quoiqu'appliquée assez heureusement plus de 100 ans après, à Scevole de Ste-Marthe, par *Daniel Ferron*, qui la récita dans l'auditoire du palais de Loudun, le 23 avril 1623, prouve deux choses : la premiere, que la famille de M. *Arouet de Voltaire* était originaire du Poitou, & la deuxieme, que *René Arouet*, un de ses ancêtres, était fort estimé pour ses talens (*).

____

(*) Un fragment d'*Étienne Rousseau*, enquêteur au baillage de Loudun, dit *que ce fut par modestie que* René Arouet *ne fit pas imprimer plusieurs de ses ouvrages, qui en étaient dignes*. Et à l'égard du premier point,

M. Dumoustier ayant envoyé, il y a environ
18 mois, cette même piece, à M. de Voltaire,
en lui faisant diverses questions sur le lieu qui
avait donné naissance à sa famille, en reçut une
réponse qu'on a également inférée dans les affiches. ,, Voici, dit-il au rédacteur de cette feuille,
,, ces vers, que je vous engage à publier, moins
,, pour la gloire de leur auteur, quoiqu'on doive
,, les trouver bons, relativement à l'époque où
,, ils ont été faits, que parce qu'ils attestent
,, que la famille de M. de Voltaire est ancienne
,, en Poitou, & qu'il se trouvait déja, il y
,, a 200 ans, dans cette famille, un auteur
,, à qui on donnait des éloges, ce qui est tou-
,, jours honorable pour notre province, où il
,, existe encore de ses parens, connus pour
,, tels. ,,

Muses, que pensiez-vous quand la mort l'a surpris?
Étiez-vous, dites-moi, en quelque profond somme?

M. Dumoustier, entre plusieurs autres témoignages, invoque celui même de l'auteur des affiches
(M. Jouyneau Desloges), qui lui a dit avoir
vu d'anciennes minutes d'actes passés par un
Arouet, notaire à S. Loup, petite ville du Poitou.

L 3

Parmi vous & les Dieux il était en grand prix :
Il a vécu comme eux, il eſt mort comme un homme.

Mais lequel doit-on plus admirer ou pleurer,
Admirer ſes beaux ans ou bien pleurer ſa perte !
Quant à moi, je ne puis me laſſer d'admirer
Non plus que de pleurer la mort qu'il a ſoufferte.

Non, non, ce n'eſt aſſez de répandre des pleurs :
Ne reſtons après lui, ſa mort nous fait envie ;
Et ſuivons au tombeau , accablés de douleurs ,
Celui dont on ne peut approcher de la vie.

,, Ne ſemblerait-il pas, continue M. Dumouſ-
,, tier, que c'eſt-là à-peu-près, ce qu'on a dit
,, & ce qu'on devait dire ſur la mort de M.
,, Voltaire lui-même ? C'eſt ajouter à ſon éloge
,, que de rappeller qu'un de ſes ancêtres a mé-
,, rité & obtenu un pareil hommage ; & cette
,, circonſtance eſt remarquable, & peut-être uni-
,, que dans une même famille , après deux ſiecles
,, d'intervalle entre les deux époques. Quoi qu'il
,, en ſoit, voici la lettre dont M. de Voltaire
,, m'honora peu de temps avant ſa mort : elle
,, eſt datée de Paris, le 7 avril 1778 : *Mon-*

„ fieur, l'ifle de Delos eut fon Apollon, la
„ Sicile fes Mufes, & Athene fa Minerve.
„ *Les villes de Loudun & de St. Loup, à*
„ l'exemple des fept villes qui combattirent
„ autrefois pour la naiffance d'Homere, vou-
„ draient-elles aujourd'hui combattre pour
„ être le lieu de la naiffance de mes ancê-
„ tres? Je n'ai aucune voie de conciliation
„ à leur propofer. Si cette découverte les in-
„ téreffe, elles ne manqueront pas de moyens
„ pour la faire. Les vers que fit Ant. Du-
„ mouftier, un de vos ancêtres, fur la mort
„ de René Arouet, qui peut auffi être un des
„ miens, font animés d'un caractère d'amitié
„ qui fait honneur au cœur de celui qui les
„ a écrits. Puifque vous travaillez à l'hif-
„ toire de votre province, évitez avec foin
„ le trop grand flegme de ftyle affez ordi-
„ naire aux perfonnes qui, comme vous, par
„ état ou par goût, s'appliquent aux ma-
„ thématiques. Je fuis avec toute la confidé-
„ ration que vous méritez, &c. Signé, AROUET
„ DE VOLTAIRE.

L 4

Lettre du Roi de Prusse à M. d'Alembert, sur la mort de Voltaire.

QUelle perte irréparable pour les Lettres, & que de siecles s'écouleront peut-être sans produire un tel génie !.. S'il fut retourné à Ferney, peut-être serait-il encore !.. Il vivra à jamais, il est vrai, par son génie & par ses ouvrages ; mais j'aurais desiré qu'il eut pu être encore long-temps le témoin de sa gloire... Il a du moins joui de la consolation de recevoir avant sa mort les hommages de ses Compatriotes... L'Académie de Berlin & moi, nous nous proposons de payer au grand homme qui vient de mourir, le juste tribut qui est dû à ses cendres (*). Les Germains met-

____

(*) Le Roi de Prusse, sous sa tente, en bottes, & le sabre au côté, a composé l'*Eloge funebre* de Voltaire, & l'a fait prononcer dans son Académie de Berlin. Je ne sais trop, dit à ce sujet M. le Chevalier de Cubieres, je ne sais trop lequel des deux ce trait honore le plus de Fréderic ou de Voltaire.

tront tous leurs foins à rendre à ce beau génie la juftice que la France lui devait à tant de titres ; ils ne feront contens d'eux-mêmes, que lorfqu'ils auront peint avec énergie à l'Europe entiere, & à la France en particulier, la perte irréparable qu'elle vient de faire.

Il n'y a plus, comme autrefois, d'amateurs des beaux Arts & des Sciences. Si ces Arts fe perdent, comme je le prévois, à quoi l'attribuer qu'au peu de cas qu'on en fait ? Pour moi, je les aimerai jufqu'à mon dernier foupir. Je ne trouve de confolation pour fupporter le fardeau de la vie, qu'avec les Mufes ; & je vous affure que fi j'avais été maître de mon deftin (*), ni l'orgueil du trône, ni le commandement des armées, ni le frivole goût des diffipations ne l'auraient emporté fur elles.

______

(*) O vous ! s'écrie le célebre M. d'Alembert, & vous, qui que vous foyez, détracteurs ou contempteurs des Lettres ! vous qui prenez tant de plaifir à les voir en butte à la calomnie & aux outrages, lifez ces mots tracés par un grand Roi, & rougiffez. Et vous, Écrivains honnêtes, qui êtes l'objet des outrages & de la calomnie, lifez auffi ces mots, & confolez-vous.

LETTRE de l'Auguste Catherine II, Impératrice de toutes les Ruffies, avec cette inscription : pour Madame DENIS, Nièce d'un grand Homme qui m'aimait beaucoup.

JE viens d'apprendre, Madame, que vous confentiez à remettre entre mes mains ce dépôt précieux (*) que M. votre oncle vous a laiffé ; cette bibliotheque que les ames fenfibles ne verront jamais, fans fe fouvenir que ce grand homme fut infpirer aux humains cette bienfaifance univerfelle, que tous fes écrits, même ceux de pur

---

(*) L'Impératrice de Ruffie, pour honorer la mémoire de Voltaire, avait demandé fa bibliotheque à Madame Denis. Sa Majefté Impériale a fait élever un *Mufæum*, dans lequel cette bibliotheque eft placée. Au milieu de ce vafte dépôt de toutes les connaiffances humaines, fe trouve la ftatue du grand homme qui avait fu les réunir. L'illuftre Protectrice des Arts a fait demander les plans du Château de Ferney, pour en bâtir un fur ce modele dans fes délicieux Jardins de Czafike-felo, & en faire fa maifon de plaifance.

agrément, refpirent. Perfonne, avant lui, n'écrivit comme lui à la race future. Il fervira d'exemple & d'écueil. Il faudrait unir le génie & la philofophie aux connaiffances & à l'agrément ; en un
mot, être M. de Voltaire pour l'égaler. Si j'ai
partagé, avec toute l'Europe, vos regrets, Madame, fur la perte de cet HOMME INCOMPA-
RABLE, vous vous êtes mife en droit de par-
ticiper à la reconnaiffance que je dois à fes écrits.
Je fuis fans doute très-fenfible à l'eftime & à la
confiance que vous me marquez. Il m'eft bien
flatteur de voir qu'elles font héréditaires dans
votre famille. La nobleffe de vos procédés vous
eft caution de mes fentimens à votre égard. J'ai
chargé M. Grimm de vous remettre quelques faibles témoignages (*) dont je vous prie de faire
ufage. *Sig. de*, CATHERINE (†).

(*) Sa Majefté Impériale a envoyé à Madame
Denis une boëte d'or, ornée de fon portrait,
enrichie de diamans, des fourrures du plus grand
prix, & cinquante mille écus de notre monnoie.
(†) Cette lettre de l'Impératrice de Ruffie &
les deux lettres du Roi de Pruffe, doivent faire à
jamais la gloire du Parnaffe Français, & du plus
grand de nos Poëtes.

LE VOYAGEUR & L'HABITANT DE FERNEY,

Dialogue sur le Tombeau de Voltaire à Ferney, par M. le Marquis de Villette.

LE VOYAGEUR.

Montrez-moi l'asyle touchant
Où devait reposer la cendre de Voltaire.

L'HABITANT.

Mon cœur s'émeut en s'approchant;
Sa tombe est sous vos yeux.

LE VOYAGEUR.

        Quoi ! ce lieu solitaire !
Quoi ! cet informe amas de cailloux entassés
Devait donc contenir sa dépouille mortelle !

L'HABITANT.

Sur cette pierre, hélas ! tous les yeux empressés,
    Quand sa mémoire est éternelle,
    Auraient lu son nom, c'est assez.

LE VOYAGEUR.

Comment, le possesseur de sa naissante ville,
    Lui rendant un honneur nouveau,

N'a-t-il pas de lauriers entouré cet afyle ?

L' H A B I T A N T.

Voltaire, des humains la gloire & le flambeau,
    Méritait les honneurs fuprêmes ;
    Et s'il était dans ce tombeau,
    Les lauriers y croîtraient d'eux-mêmes.

APOTHÉOSE DE VOLTAIRE,

Par M. de Chabanon.

LE Dieu qu'en fouverain le Parnaffe révere,
Convoquant de fes loix l'empire tributaire,
A devant fes fujets prononcé ce difcours :
» Miniftres de mes loix, vous que j'ai vus toujours,
» D'un beau zele enflammés, maintenir ma puif-
    fance,
» Je reviens parmi vous après cent ans d'abfence.
» Parlez, inftruifez-moi ; c'eft à moi de comter
» Vos fuccès, s'il en eft qui puiffent me flatter ».

Calliope (*) du moins n'a point trahi ta gloire,
Dit cette Nymphe au Dieu ; fi tu n'ofes m'en croire,

____

(*) *Mufe de l'Epopée.*

Regarde cet écrit (*), enfanté fous mes yeux :
Il peint d'un Roi guerrier les combats glorieux ;
Il peint d'un Roi clément la bonté, la juftice.
Des fables du vieux temps le frivole artifice
N'a point déshonoré ces auguftes récits ;
La raifon n'admet plus ces prodiges vieillis :
Au fiecle qui m'entend le vrai feul pouvait plaire,
Et fi je dus l'orner, c'eft d'une main légere.
Cette profufion d'un ftile harmonieux,
Convenable peut-être au langage des Dieux ;
Ce luxe de mon art, ce fafte poétique
Qu'admirerent jadis Rome & la Grèce antique,
Chez le Français léger, effuieraient aujourd'hui
Du lecteur dédaigneux les dégoûts & l'ennui.
J'ai fait courir mon ftile & rapide & fublime ;
Sans courber les moiffons, j'en effleurais la cime :
Tel fut de mes travaux l'heureux commencement.
Je te confacre encor un autre monument.
Ici, d'un ton moins grave, & d'une voix moins
　　fiere,
J'ai chanté d'Orléans l'Héroïne guerriere ;
J'ai tracé le contour de fes groffiers appas ;

(*). *La Henriade.*

J'ai décrit, en riant, les funestes combats,
Les exploits des héros, leurs aimables faiblesses,
Et l'infidélité de leurs belles maîtresses.
L'imagination esquissa ce tableau
D'objets désassortis assemblage nouveau :
Leur contraste piquant flatte, étonne , intéresse ?
Et d'un mol abandon la grace enchanteresse
Ajoute à ces portraits un charme encor plus grand
Que de talens détruits ! Un homme seul expire...

Anecdote & sentiment de S. M. le Roi de Prusse sur la Henriade.

IL se débita à Paris une satyre en vers indécens contre le Duc d'Orléans, alors Régent du Royaume. Un certain la Grange, Auteur de cet œuvre de ténebres, pour éviter d'être soupçonné, trouva le moyen de la faire passer sous le nom de M. de Voltaire. Le Gouvernement agit avec précipitation ; le jeune Poëte, tout innocent qu'il était, fut conduit à la Bastille, où il demeura quelques mois. Mais comme le propre de la vérité est de se faire jour plutôt ou plus tard , le coupable fut puni , & M. de Voltaire juftifié & relâché. Croirait-on que ce fut à la Baftille même que notre jeune Poëte compofa les deux premiers Chants de fa *Henriade ?* Cependant cela eft vrai : fa prifon devint un Parnaffe pour lui, où les Mufes l'infpirerent. Ce qu'il y a de certain, c'eft que le fécond Chant eft demeuré tel qu'il l'avait d'abord minuté : faute de papier & d'encre, il en apprit les vers par cœur & les retint.

L'hiftoire rapporte que Virgile en mourant, peu fatisfait de l'*Énéïde* qu'il n'avait pu autant perfectionner qu'il l'aurait defiré , voulut la brûler. La longue vie dont jouît M. de Voltaire , lui permit de limer & de corriger fon Poëme de la Ligue , & de le porter à la perfection où il eft parvenu maintenant fous le nom de la *Henriade*. Les envieux de notre Auteur lui reprocherent que fon Poëme n'était qu'une imitation de l'*Énéïde* ; & il faut convenir qu'il y a des Chants dont les fujets fe reffemblent ; mais ce ne font pas des copies ferviles. Si Virgile dépeint la deftruction de Troye , Voltaire étale les horreurs de la Saint Barthelemi ; aux amours de

Didon & d'Énée, on compare les amours de Henri IV & de la belle Gabrielle d'Eſtrée ; à la deſcente d'Énée aux Enfers, où Anchiſe lui découvre la poſtérité qui doit naître de lui, l'on oppoſe le ſonge de Henri IV, & l'avenir que Saint-Louis dévoile en lui annonçant le deſtin des Bourbons. Si j'oſais haſarder mon ſentiment, j'adjugerais l'avantage de deux de ces Chants au Français ; à ſavoir celui de la Saint Barthelemi & du ſonge de Henri IV. Il n'y a que les amours de Didon où il paraît que Virgile l'emporte ſur Voltaire, parce que l'Auteur latin intéreſſe & parle au cœur, & que l'Auteur français n'emploie que des allégories. Mais ſi l'on veut examiner ces deux Poëmes de bonne foi, ſans préjugés pour les anciens, ni pour les modernes, on conviendra que beaucoup de détails de l'*Énéïde* ne ſeraient pas tolérés de nos jours, dans les ouvrages de nos Contemporains ; comme, par exemple, les honneurs funebres qu'Énée rend à ſon pere Anchiſe, la fable des Harpies, la prophétie qu'elles font aux Troyens qu'ils ſeront réduits à manger leurs aſſiettes, & cette prophétie qui s'accomplit ; la truie avec ſes neuf petits, qui défigne le lieu d'établiffement où Énée doit trouver la fin de fes travaux; fes vaiffeaux changés en Nymphes; un cerf tué par Afcagne, qui occafionne la guerre des Troyens & des Rutules; la haine que les Dieux mettent dans le cœur d'Amate & de Lavinie, contre cet Énée que Lavinie époufe à la fin. Ce font peut-être ces défauts dont Virgile était lui-même mécontent, qui l'avaient déterminé à brûler fon ouvrage, & qui, felon les fentimens des cenfeurs judicieux, doivent placer l'*Énéïde* au-deffous de la *Henriade*. Si les difficultés vaincues font le mérite d'un Auteur, il eft certain que M. de Voltaire en trouva plus à furmonter que Virgile. Le fujet de la *Henriade* eft la réduction de Paris, due à la converfion de Henri IV. Le Poëte n'avait donc pas la liberté de mouvoir à fon gré le fyftême merveilleux; il était réduit à fe borner aux myfteres des Chrétiens, bien moins féconds en images agréables & pittorefques, que n'était la Mythologie des Gentils. Toutefois on ne faurait lire le dixieme Chant de la *Henriade*, fans convenir que les charmes de la Poéfie ont le don d'ennoblir tous les fujets qu'elle traite.

ANECDOTE UNIQUE.

UN Homme d'un grand mérite, (M. V. de B.) qui réfide depuis fept ou huit ans à Canton en Chine, a mandé à un de fes amis de Paris, qu'un Lettré Chinois a traduit dans fa langue différentes Poéfies de Voltaire, & qu'il les a fait paffer à l'Empereur Kien-Long, actuellement régnant. Ce Monarque eft lui-même un Poëte célebre, témoin fon Éloge de *Moukden* (*), que

(*) Kien-Long, vers l'an 1743 de notre Ere vulgaire, compofa ce Poëme en vers Chinois & en vers Tartares. Ce n'eft pas à beaucoup près fon feul ouvrage. Le Poëme de cet Empereur a plus d'un mérite, foit dans le fujet qui eft l'Éloge de fes ancêtres, & où la piété filiale femble naturelle, foit dans les defcriptions, inftructives pour nous, de la ville de Moukden, des animaux & des plantes de cette province, foit dans la clarté du ftyle, perfection fi rare parmi nous. Ce qui eft fur-tout très-remarquable, c'eft le refpect dont cet Empereur paraît pénétré pour l'Être Suprême. On doit pefer ces paroles : » Un tel pays, de tels » hommes ne pouvaient manquer d'attirer fur eux » des regards de prédilection de la part du foule Pere Amiot, Jéfuite, nous a fait connaître par la verfion françaife dont il a enrichi notre littérature. Kien-long, tranfporté d'admiration à la lecture des ouvrages de l'Homere de la France, lui a donné les épithetes de *Thyenne-ly*, lumiere divine, *Poufal-fond*, efprit furnaturel.

On a envoyé depuis à M. V. de B. l'*Épître* (†) de Voltaire au Roi de la Chine. Si cette Piece peut parvenir à fon adreffe, elle ne manquera pas de flatter & de réjouir beaucoup fa Majefté Chinoife & Tartare.

,, verain Maître qui regne dans le plus haut des ,, Cieux ,,. Voilà bien de quoi confondre à jamais tous ceux qui ont imprimé dans tant de livres que le Gouvernement Chinois eft Athée. Une chofe qui fait encore le plus grand honneur à Kien-Long., c'eft l'extrême confidération qu'il montre pour l'Agriculture., & fon amour pour la frugalité.

(*) On connaît affez cette belle Épître, dont nous citerons pourtant les quatre premiers vers :

Reçois mes complimens, charmant Roi de la
    Chine ;
Ton trône eft donc placé fur la double colline !
On fait dans l'Occident, que malgré mes travers,
J'ai toujours fort aimé les Rois qui font des vers.

VERS

*Sur la Statue érigée à Voltaire , par M. D** de C***.*

L'AUTRE jour chez Pigalle, en contemplant Voltaire
Je difais : Qu'a donc mis le fameux ftatuaire
 Sous les pieds de notre Apollon,
Et pourquoi lui fait-il écrafer du talon,
 Mafque hideux dont la bouche effroyable
  Semble ouverte pour aboyer ?
  Eft-ce l'Envie ? Eft-ce le Diable ?
  Alors quelqu'un cria dans l'attelier :
 Oh ! ce n'eft rien ; c'eft l'Abbé Sabatier.

F I N.

TABLE.

Fin de la Table.

ÉTRENNES AUX BELLES,

DONNÉES PAR VOLTAIRE

Quinze jours avant sa mort.

A PARIS,

Chez la Veuve GUILLAUME, Libraire,
rue Saint-Honoré, à côté de l'hôtel d'Aligre.

M. DCC. LXXXIII.